KB269598
듣고 말하기 집중 훈련으로 일본어가 쑥쑥!
스쿠스쿠
일본어
독학 스텝업
공저 하영애·우노 히토미 | 동영상 강의 김수진
PAGODA Books

스쿠스쿠 일본어
독학 스텝업

초판 1쇄 인쇄 2016년 7월 6일
초판 1쇄 발행 2016년 7월 6일
초판 10쇄 발행 2024년 9월 30일

지 은 이 | 하영애, 우노 히토미
펴 낸 이 | 박경실
펴 낸 곳 | **PAGODA Books** 파고다북스
출판등록 | 2005년 5월 27일 제 300-2005-90호
주 소 | 06614 서울특별시 서초구 강남대로 419, 19층(서초동, 파고다타워)
전 화 | (02) 6940-4070
팩 스 | (02) 536-0660
홈페이지 | www.pagodabook.com

저작권자 | ⓒ 2016 하영애, 우노 히토미

ISBN 978-89-6281-732-4 (13730)

파고다북스   www.pagodabook.com
파고다 어학원   www.pagoda21.com
파고다 인강   www.pagodastar.com
테스트 클리닉   www.testclinic.com

❙ 낙장 및 파본은 구매처에서 교환해 드립니다.

국제화가 진행되는 요즘, 옛날부터 [가깝고도 먼 나라]라고 불렸던 한일 양국의 문화교류도 점점 많아지고, 그 덕분에 가장 가까운 서로의 나라에 대한 관심도 높아져 있습니다.

다른 문화를 이해하는 데 있어서 가장 큰 장애물이 되는 것은 역시 언어의 벽이라고 생각합니다. 이 언어의 벽을 없애므로 해서 소통이 가능해지고 세계는 크고 넓어지게 됩니다.

이 책을 손에 든 모든 분들은, 목적이 무엇이든 새롭게 일본어를 시작하려고 생각하고 있는 것이겠지요. 이 책은 그런 여러분에게 이제부터의 공부가 보다 효율적이고 즐거운 것이 되도록 연구하면서 만들어졌습니다.

[말하기, 듣기, 쓰기, 읽기]의 외국어 습득의 4가지 영역의 능력을 향상시키는 것을 목표로 문법을 체계적으로 습득하고, 단어를 늘려서 일상 생활에 활용할 수 있는 일본어다운, 실용적인 표현을 익히게 하는 것, 그리고 문화적인 요소를 포함시켜서 일본 문화나 일본인의 생활에 흥미를 가지도록 하는 것에 중점을 두었습니다.

특히 혼자서 공부하는 여러분들이 중도에 포기하지 않도록, 문법에 자세한 설명을 붙였고 각 과마다의 필기시험을 통해 습득 정도를 스스로 확인하면서 조절할 수 있도록 하였습니다.

이 책을 통해서 일본어를 할 수 있는 기쁨과 말할 수 있는 즐거움을 느끼게 될 것입니다. 틀림없이 책 이름처럼 일본어 실력이 [무럭무럭, 쑥쑥] 자라는 것을 느낄 것입니다.

끝으로 이 책을 출간하는데 지원을 아끼지 않으셨던 박경실 회장님과 pagoda books의 여러분들, 협력해 주셨던 파고다 학원의 일본어과 선생님들, 그리고 응원해 주신 모든 분들에게 감사의 마음을 전합니다.

저자 **하영애, 우노 히토미**

스쿠스쿠 독학 7 단계 학습법

step 1

일본어 입문
기초 다지기 & 워밍업

교재를 본격적으로 학습해 나가기에 앞서, 부록의 〈스쿠스쿠 일본어 독학 첫걸음 포인트 북〉과 무료로 제공되는 총 13강의 QR코드 동영상 강의를 통하여 일본 글자인 히라가나/가타카나부터 일본어 입문 과정의 기초를 튼튼히 다지도록 합니다.
〈스쿠스쿠 일본어 독학 첫걸음〉 교재를 이미 끝낸 학습자는 본 부록을 복습 자료로 활용하세요~

동영상 강의

+ 스마트폰으로 책 속 QR 코드 스캔
+ 파고다북스 사이트에서 다운로드
+ 유튜브, 네이버TV에서 도서명 검색

step 2

자신의 학습 환경에 맞는
무료 강의로 포인트 예습

각 UNIT에서 중요 포인트가 되는 문법 및 활용 표현 등을 파고다 대표 강사의 강의를 통해 미리 예습합니다. 동영상과 오디오 강의 2가지 버전으로 제공됩니다.

오디오 강의

+ 스마트폰으로 책 속 QR코드 스캔
+ 팟빵, 팟티 등 팟캐스트 앱에서 도서명 검색
+ 유튜브, 네이버TV에서 도서명 검색

step 3

독학 맞춤 학습 플랜에 따라
교재 학습(+동영상, 오디오 강의)

혼자서도 체계적인 일본어 학습이 가능하도록 매 Unit마다 항목별 시간 배분 및 독학 플랜이 제공됩니다. 동영상 또는 오디오 강의와 함께 학습하면 더 탄탄한 일본어 실력을 갖게 될 거예요~

듣고 말하기 훈련용 MP3로
집중 훈련~!!

파고다북스 홈페이지에서 음원을 바로 재생하거나 MP3 파일을 다운로드할 수 있습니다. 한국인 성우와 일본인 성우의 음성을 번갈아 듣고, 내용을 이해하며 소리 내어 따라 하는 집중 훈련을 반복하다 보면 어느새 일본어 귀와 입이 뻥~ 하고 뚫리게 될 거예요~

필기시험으로
최종 평가

해당 Unit를 단계별로 착실히 공부하셨다면, 필기시험으로 최종 평가를 실시합니다. 혼자서 하는 독학 공부에서는 무엇보다 철저한 자기 평가가 중요하다는 거 잊지 마세요~

〈필기 시험 PDF 파일〉을 아래 사이트에서 다운로드하여 사용할 수 있습니다.
www.pagodabook.com

80점 미만은 반복 학습

필기시험 성적이 80점 미만인 경우에는 다음 Unit 로의 학습 진행이 불가합니다. 만약 80점을 넘지 못하셨다면, 어떤 부분을 다시 학습해야 하는지 해답 페이지의 코멘트를 참고하셔서 다시 한번 반복 학습을 진행하세요~

재시험용 〈필기 시험 PDF 파일〉을 아래 사이트에서 다운로드하여 사용할 수 있습니다.
www.pagodabook.com

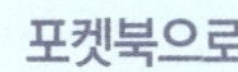

포켓북으로
자투리 시간 활용~ 완벽 복습!

PDF로 제공되는 포켓북에는 필수 단어와 포인트 문형, 이동 시에도 간단히 스캔하여 동영상 시청이 가능하도록 Unit 별 QR코드가 수록되어 있습니다. 등하교, 출퇴근 등의 자투리 시간을 활용하여 그동안 학습한 내용이 머릿속에 단단히 정착되도록 꾸준히 복습하세요~

일러두기

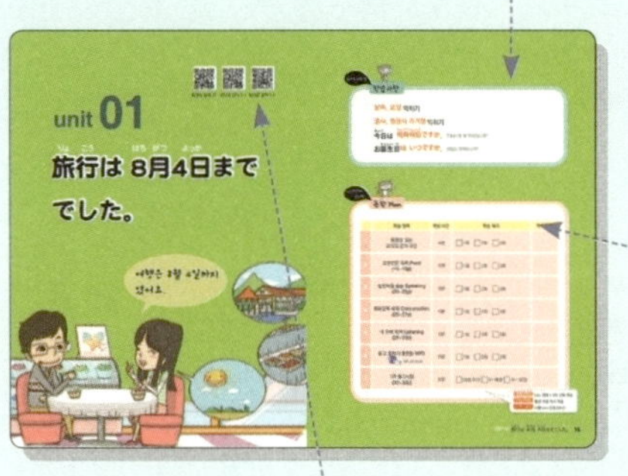

QR 코드로 동영상 및 오디오 강의 수강

스마트폰과 모바일 기기로 QR 코드를 스캔하여 동영상 강의와 오디오 강의를 시청할 수 있습니다. 매 과의 중심이 되는 문법 사항과 다양한 응용 표현으로 구성된 강의를 언제 어디서나 반복하여 학습함으로써 탄탄한 일본어 실력을 기를 수 있습니다.

학습사항

각 Unit에서 꼭 알아두어야 하는 학습사항을 한 눈에 쏙 들어오게 정리하였습니다. 학습 후에는 제시된 학습사항을 스스로 확인하면서 복습도 겸할 수 있습니다.

독학 Plan

혼자서도 체계적인 일본어 학습이 가능하도록 매 Unit 마다 항목별 시간 배분 및 스스로 학습을 체그할 수 있도록 찌여진 〈독학 Plan〉이 제공됩니다. 제시된 순서대로 학습을 진행하다 보면 어느덧 일본어에 자신감이 붙게 될 것입니다.

요것만은 꼭꼭~ Point

해당 Unit에서 학습할 중심 내용을 자세한 설명과 재미있는 삽화를 통해 제시하였으며, 마치 베테랑 강사의 학원 강의를 마주하고 듣는 것처럼 동일한 흐름으로 구성하여 독학 학습자의 학습 효율을 향상시킬 수 있도록 하였습니다.

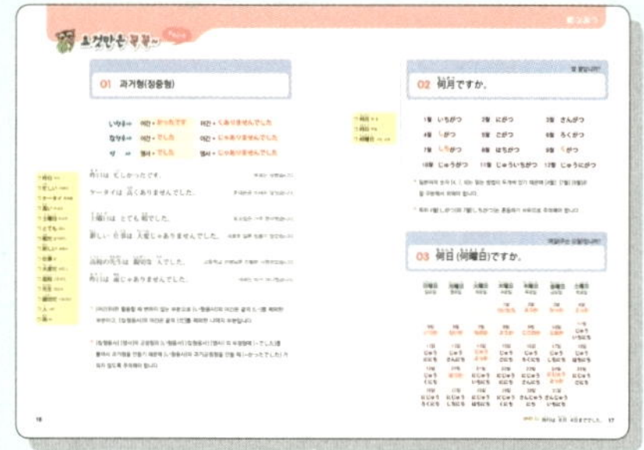

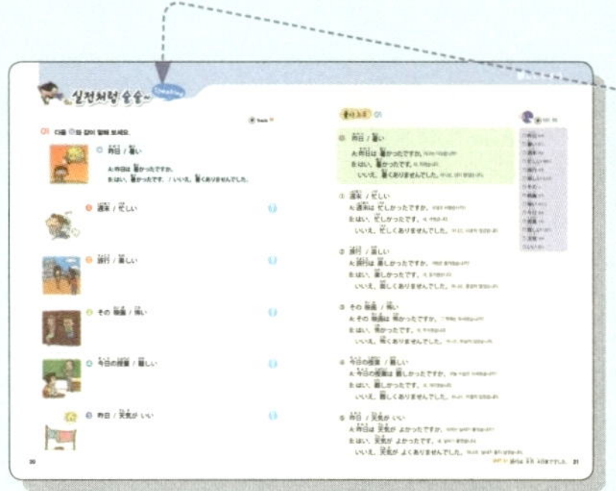

실전처럼 술술~ Speaking

앞 페이지에서 학습한 내용을 소리 내어 말해보는 단계입니다. 학습한 내용을 떠올려 가며 보기처럼 대화문을 만들어봅시다. 오른쪽 페이지에는 최종 확인을 위한 대화문 스크립트와 해석이 제시되어 있으며, 〈듣고 말하기 훈련용 MP3〉와 병행해 가며 듣고 말하는 능력을 배양할 수 있습니다.

회화 실력 쑥쑥~ Conversation

앞에서 학습한 문형과 어휘를 중심으로 구성된 회화문이 제공되며, 일본 현지 실생활 커뮤니케이션에 기반한 스토리로 본격적인 자연스러운 회화 연습이 가능하도록 구성하였습니다.

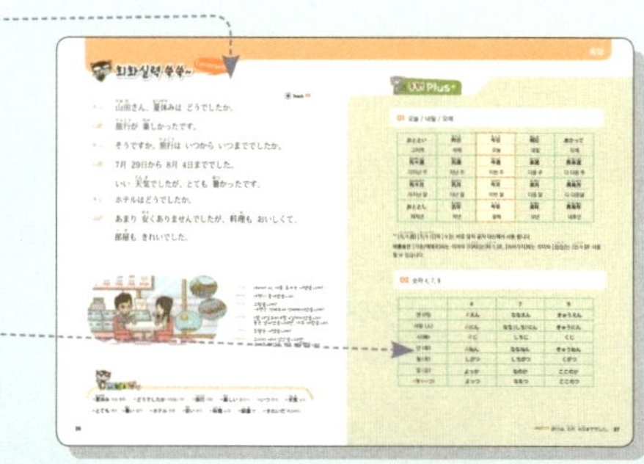

독학! Plus+

독학 학습자에게 필요한 기본적인 학습 내용 이외에도 해당 학습 사항과 연계된 관련내용 및 부족한 설명을 독학 Plus+를 통해 보충하였습니다.

내 귀에 쏙쏙~ Listening

해당 Unit의 읽고, 말하는 연습이 충분히 되었다면, 다음 단계로 상대방의 말을 제대로 알아들을 수 있는 훈련이 필요합니다. 제대로 듣고 또다시 말하는 연습의 사이클이 모여서 최종적으로 자연스러운 일본어 회화가 가능하게 됩니다.

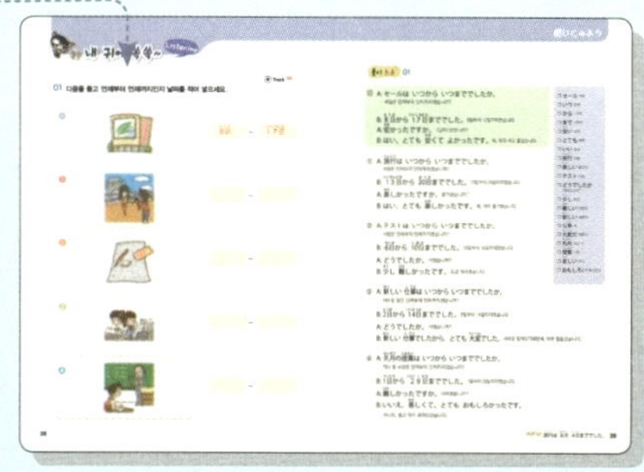

필기시험

독학 학습인 만큼, 철저한 자가 학습 평가가 이루어져야 합니다. 해당 Unit의 필기시험에서 80점 이상을 득점하여야만 다음 Unit로의 학습 진행이 가능합니다.

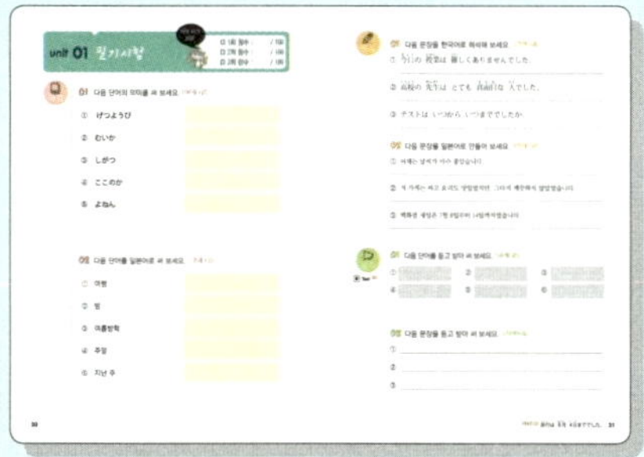

문제 풀이

정답 확인을 위해 문제와 해답 페이지를 여러 번 이동하지 않아도 되도록 문제와 해답을 한 페이지에 실었습니다.
더불어 해당 문제를 틀렸을 경우, 어떤 학습 사항을 다시 반복 학습하여야 하는지를 제시하여 철저한 확인 학습이 가능하도록 구성하였습니다.

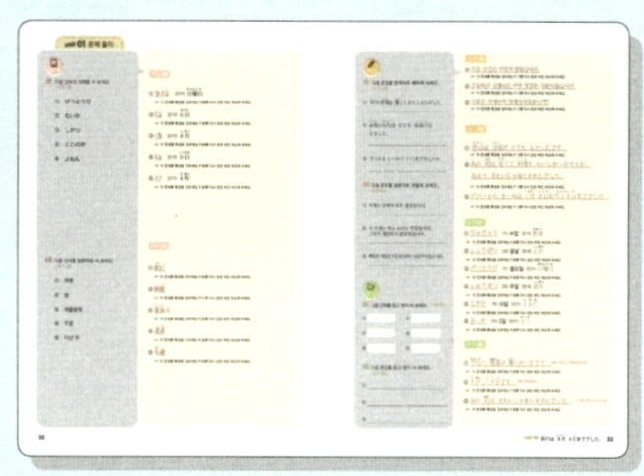

독해력 무럭무럭~ Reading

3개의 과 또는 4개의 과에서 배운 문형을 종합한 다양한 형태의 독해 지문을 통해 문장 해석 능력과 문장 이해력을 향상시켜 시험 대비 등을 할 수 있습니다.

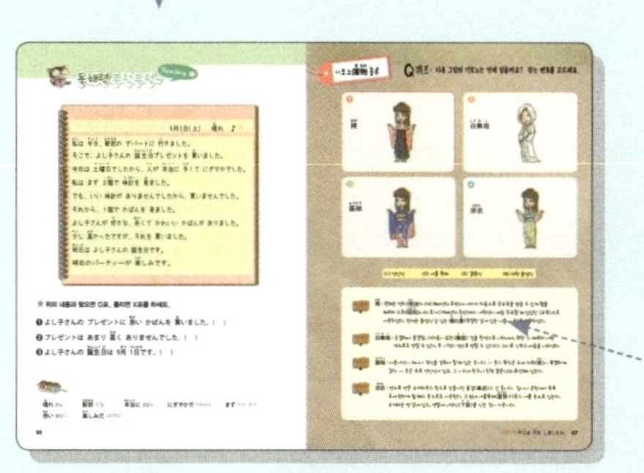

도전! 일본 문화 퀴즈왕

퀴즈 형식으로 일본 문화에 대한 진실과 오해(?), 그리고 한국 문화와의 다른 점을 체험할 수 있습니다.

부록　　스크립트 | 독해문 해설/정답

별책 부록　첫걸음 포인트 북 | 포켓북 (필수 단어/표현)

● 동영상 강의 / 음성 MP3 / 필기 시험 PDF(재시험용) 다운로드 www.pagodabook.com

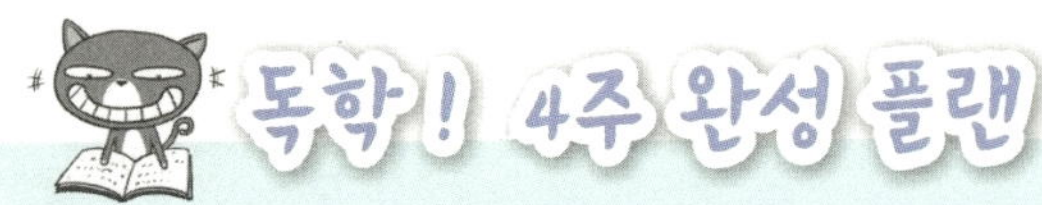

독학! 4주 완성 플랜

하루 1시간 4주 만에 끝내는 독학 학습 플랜입니다.
자신만의 학습 계획을 세워 하루하루 학습을 꼼꼼히 체크해 나가도록 하세요~

Plan 1주차

	월 일 1 Day	월 일 2 Day	월 일 3 Day	월 일 4 Day	월 일 5 Day	월 일 6 Day	월 일 7 Day
동영상 강의	첫걸음 포인트북 unit 00,01,02,03	첫걸음 포인트북 unit 04,05,06	첫걸음 포인트북 unit 07,08,09	첫걸음 포인트북 unit 10,11,12	unit 01		unit 02
오디오 강의	첫걸음 unit 0~3-2	첫걸음 unit 4-1~6-2	첫걸음 unit 7-1~9-2	첫걸음 unit 10-1~12-2	unit 1-1	unit 1-2	unit 2-1
교재	첫걸음 포인트북 4~27p	첫걸음 포인트북 28~35p	첫걸음 포인트북 36~41p	첫걸음 포인트북 42~49p	16~25p	26~33p	36~39p
듣고 말하기					S01_02 S01_03 S01_04		S02_02
필기시험						unit 01	
반복 학습						16~33p	
포켓북						S01_01	

Plan 2주차

	월 일 8 Day	월 일 9 Day	월 일 10 Day	월 일 11 Day	월 일 12 Day	월 일 13 Day	월 일 14 Day
동영상 강의		unit 03		unit 04		unit 05	
오디오 강의	unit 2-2	unit 3-1	unit 3-2	unit 4-1	unit 4-2	unit 5-1	unit 5-2
교재	40~49p	52~57p	58~67p	70~77p	78~85p	88~95p	96~103p
듣고 말하기		S03_02 S03_03		S04_02 S04_03 S04_04		S05_02 S05_03 S05_04	
필기시험	Unit 02		Unit 03		Unit 04		Unit 05
반복 학습	36~49p		52~67p		70~85p		88~103p
포켓북	S02_01		S03_01		S04_01		S05_01

Plan 3주차

	월 일 15 Day	월 일 16 Day	월 일 17 Day	월 일 18 Day	월 일 19 Day	월 일 20 Day	월 일 21 Day
동영상 강의	☐ unit 06		☐ unit 07		☐ unit 08		☐ unit 09
오디오 강의	☐ unit 6-1	☐ unit 6-2	☐ unit 7-1	☐ unit 7-2	☐ unit 8-1	☐ unit 8-2	☐ unit 9-1
교재	☐ 106~111p	☐ 112~121p	☐ 124~129p	☐ 130~137p	☐ 140~145p	☐ 146~153p	☐ 156~161p
듣고 말하기	☐ S06_02 S06_03		☐ S07_02 S07_03		☐ S08_02 S08_03		☐ S09_02 S09_03
필기시험		☐ Unit 06		☐ Unit 07		☐ Unit 08	
반복 학습		☐ 106~121p		☐ 124~137p		☐ 140~153p	
포켓북		☐ S06_01		☐ S07_01		☐ S08_01	

Plan 4주차

	월 일 22 Day	월 일 23 Day	월 일 24 Day	월 일 25 Day	월 일 26 Day	월 일 27 Day	월 일 28 Day
동영상 강의		☐ unit 10		☐ unit 11		☐ unit 12	
오디오 강의	☐ unit 9-2	☐ unit 10-1	☐ unit 10-2	☐ unit 11-1	☐ unit 11-2	☐ unit 12-1	☐ unit 12-2
교재	☐ 162~171p	☐ 174~179p	☐ 180~187p	☐ 190~197p	☐ 198~205p	☐ 208~215p	☐ 216~225p
듣고 말하기		☐ S010_02 S010_03		☐ S011_02 S011_03 S011_04		☐ S012_02 S012_03 S012_04	
필기시험	☐ Unit 09		☐ Unit 10		☐ Unit 11		☐ Unit 12
반복 학습	☐ 156~171p		☐ 174~187p		☐ 190~205p		☐ 208~225p
포켓북	☐ S09_01		☐ S10_01		☐ S011_01		☐ S012_01

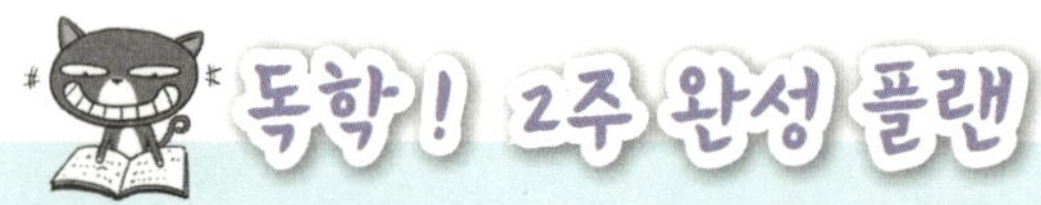

독학! 2주 완성 플랜

하루 2시간 2주 만에 끝내는 독학 학습 플랜입니다.
자신만의 학습 계획을 세워 하루하루 학습을 꼼꼼히 체크해 나가도록 하세요~

Plan 1주차

	월 일 1 Day	월 일 2 Day	월 일 3 Day	월 일 4 Day	월 일 5 Day	월 일 6 Day	월 일 7 Day
동영상 강의	첫걸음 포인트북 unit 00~06	첫걸음 포인트북 unit 07~12	unit 01	unit 02	unit 03	unit 04	unit 05
오디오 강의	첫걸음 unit 0~6-2	첫걸음 unit 7-1~12-2	unit 1-1 unit 1-2	unit 2-1 unit 2-2	unit 3-1 unit 3-2	unit 4-1 unit 4-2	unit 5-1 unit 5-2
교재	첫걸음 포인트북 4~35p	첫걸음 포인트북 28~49p	16~33p	36~49p	52~67p	70~85p	88~103p
듣고 말하기			S01_02 S01_03 S01_04	S02_02	S03_02 S03_03	S04_02 S04_03 S04_04	S05_02 S05_03 S05_04
필기시험			Unit 01	Unit 02	Unit 03	Unit 04	Unit 05
반복 학습			16~33p	36~49p	52~67p	70~85p	88~103p
포켓북			S01_01	S02_01	S03_01	S04_01	S05_01

Plan 2주차

	월 일 8 Day	월 일 9 Day	월 일 10 Day	월 일 11 Day	월 일 12 Day	월 일 13 Day	월 일 14 Day
동영상 강의	unit 06	unit 07	unit 08	unit 09	unit 10	unit 11	unit 12
오디오 강의	unit 6-1 unit 6-2	unit 7-1 unit 7-2	unit 8-1 unit 8-2	unit 9-1 unit 9-2	unit 10-1 unit 10-2	unit 11-1 unit 11-2	unit 12-1 unit 12-2
교재	106~121p	124~137p	140~153p	156~171p	174~187p	190~205p	208~225p
듣고 말하기	S06_02 S06_03	S07_02 S07_03	S08_02 S08_03	S09_02 S09_03	S10_02 S10_03	S011_02 S011_03 S011_04	S012_02 S012_03 S012_04
필기시험	Unit 06	Unit 07	Unit 08	Unit 09	Unit 10	Unit 11	Unit 12
반복 학습	106~121p	124~137p	140~153p	156~171p	174~187p	190~205p	208~225p
포켓북	S06_01	S07_01	S08_01	S09_01	S10_01	S11_01	S12_01

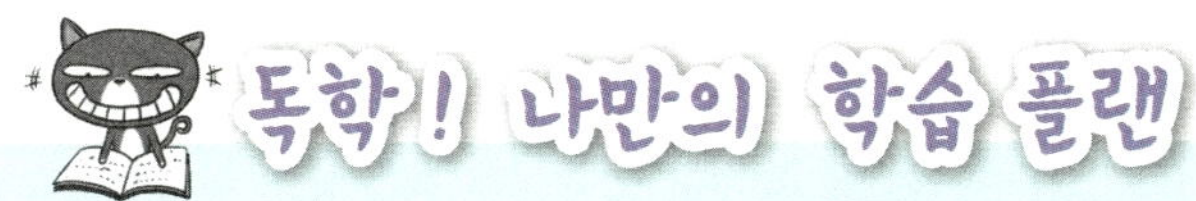

독학! 나만의 학습 플랜

자신만의 독자적인 학습 계획을 세워 독학 학습 플랜을 만들어 보세요~

Plan

	월 일	월 일	월 일	월 일	월 일	월 일	월 일
	Day	Day	Day	Day	Day	Day	Day

Plan

	월 일	월 일	월 일	월 일	월 일	월 일	월 일
	Day	Day	Day	Day	Day	Day	Day

unit 01

<ruby>旅行<rt>りょこう</rt></ruby>は<ruby>8月<rt>はちがつ</rt></ruby><ruby>4日<rt>よっか</rt></ruby>まででした。

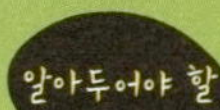

학습사항

- 날짜, 요일 익히기
- 명사, 형용사 과거형 익히기
- 今日（きょう）は 何月何日（なんがつなんにち）ですか。 오늘은 몇 월 며칠입니까?
- お誕生日（たんじょうび）は いつですか。 생일은 언제입니까?

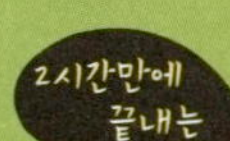

독학 Plan

	학습 항목	학습 시간	학습 체크			학습 메모
1	동영상 또는 오디오 강의 수강	15분	☐ 1회	☐ 2회	☐ 3회	
2	요것만은 꼭꼭 Point (16~19p)	15분	☐ 1회	☐ 2회	☐ 3회	
3	실전처럼 술술 Speaking (20~25p)	15분	☐ 1회	☐ 2회	☐ 3회	
4	회화실력 쑥쑥 Conversation (26~27p)	15분	☐ 1회	☐ 2회	☐ 3회	
5	내 귀에 쏙쏙 Listening (28~29p)	15분	☐ 1회	☐ 2회	☐ 3회	
6	듣고 말하기 훈련용 MP3 ◉ S01_02,03,04	15분	☐ 1회	☐ 2회	☐ 3회	
7	1과 필기시험 (30~33p)	30분	☐ 50점 미만	☐ 51~80점	☐ 81~100점	

- **50점 미만** Unit 전체 1~2회 반복 학습
- **51점~80점** 틀린 부분 다시 학습
- **81점~100점** 다음 Unit 진행 OK~!!

01 과거형(정중형)

い형용사	어간 + **かったです**	어간 + **くありませんでした**
な형용사	어간 + **でした**	어간 + **じゃありませんでした**
명　사	명사 + **でした**	명사 + **じゃありませんでした**

□ 昨日(きのう) 어제
□ 忙(いそが)しい 바쁘다
□ ケータイ 휴대폰
□ 高(たか)い 비싸다
□ 土曜日(どようび) 토요일
□ とても 매우
□ 暇(ひま)だ 한가하다
□ 新(あたら)しい 새롭다
□ 仕事(しごと) 일
□ 大変(たいへん)だ 힘들다
□ 高校(こうこう) 고등학교
□ 先生(せんせい) 선생님
□ 親切(しんせつ)だ 친절하다
□ 人(ひと) 사람
□ 雨(あめ) 비

昨日(きのう)は 忙(いそが)しかったです。　　　　　어제는 바빴습니다.

ケータイは 高(たか)くありませんでした。　　　　휴대폰은 비싸지 않았습니다.

土曜日(どようび)は とても 暇(ひま)でした。　　　　토요일은 아주 한가했습니다.

新(あたら)しい 仕事(しごと)は 大変(たいへん)じゃありませんでした。　새로운 일은 힘들지 않았습니다.

高校(こうこう)の 先生(せんせい)は 親切(しんせつ)な 人(ひと)でした。　고등학교 선생님은 친절한 사람이었습니다.

昨日(きのう)は 雨(あめ)じゃありませんでした。　　　　어제는 비가 아니었습니다.

✚ [어간]이란 활용할 때 변하지 않는 부분으로 [い형용사]의 어간은 끝의 [い]를 제외한 부분이고, [な형용사]의 어간은 끝의 [だ]를 제외한 나머지 부분입니다.

✚ [な형용사] [명사]의 긍정형과 [い형용사] [な형용사] [명사] 의 부정형에 [~でした]를 붙여서 과거형을 만들기 때문에 [い형용사]의 과거긍정형을 만들 때 [~かったでした] 가 되지 않도록 주의해야 합니다.

몇 월입니까?

02 　何月ですか。
なん　がつ

□ 何月 몇 월
なんがつ
□ 何日 며칠
なんにち
□ 何曜日 무슨 요일
なんようび

1월	いちがつ	2월	にがつ	3월	さんがつ
4월	しがつ	5월	ごがつ	6월	ろくがつ
7월	しちがつ	8월	はちがつ	9월	くがつ
10월	じゅうがつ	11월	じゅういちがつ	12월	じゅうにがつ

+ 일본어의 숫자 [4, 7, 9]는 읽는 방법이 두개씩 있기 때문에 [4월] [7월] [9월]은 잘 구분해서 외워야 합니다.

+ 특히 4월[しがつ]와 7월[しちがつ]는 혼동하기 쉬우므로 주의해야 합니다.

며칠(무슨 요일)입니까?

03 　何日 (何曜日)ですか。
なんにち　なんようび

日曜日 일요일	月曜日 월요일	火曜日 화요일	水曜日 수요일	木曜日 목요일	金曜日 금요일	土曜日 토요일
			1일 ついたち	2일 ふつか	3일 みっか	4일 よっか
5일 いつか	6일 むいか	7일 なのか	8일 ようか	9일 ここのか	10일 とおか	11일 じゅういちにち
12일 じゅうににち	13일 じゅうさんにち	14일 じゅうよっか	15일 じゅうごにち	16일 じゅうろくにち	17일 じゅうしちにち	18일 じゅうはちにち
19일 じゅうくにち	20일 はつか	21일 にじゅういちにち	22일 にじゅうににち	23일 にじゅうさんにち	24일 にじゅうよっか	25일 にじゅうごにち
26일 にじゅうろくにち	27일 にじゅうしちにち	28일 にじゅうはちにち	29일 にじゅうくにち	30일 さんじゅうにち	31일 さんじゅういちにち	

+ [요일]을 외울 때는 우선 [요일]이 [曜日(ようび)]이므로 여기에 [일(にち) 월(げつ) 화(か) 수(すい) 목(もく) 금(きん) 토(ど)]를 붙여줍니다.
한국어의 발음과 비슷한 것이 많으므로 연상해서 외우면 도움이 됩니다.

+ [월]은 요일을 나타낼 때는 [げつ]로 발음하지만 몇 월인가를 나타낼 때는 [がつ]로 발음하는 것에 주의해야 합니다.

+ [1일~10일, 14일, 20일, 24일]은 따로 외워야합니다.

+ 특별하게 발음되는 날짜 이외에는 숫자 뒤에 [일]을 나타내는 [にち]를 붙여줍니다.

+ [4일(よっか)]와 [8일(ようか)]는 혼동하지 않도록 주의해야 합니다.

+ 두개의 발음이 있는 [7]과 [9]는 [しち]와 [く]를 사용해서 [17일(じゅうしちにち)]와 [27일(にじゅうしちにち)], [19일(じゅうくにち)]와 [29일(にじゅうくにち)]가 됩니다.

□ 何年(なんねん) 몇 년

몇 년입니까?

04 何年(なんねん)ですか。

1년	いちねん	2년	にねん	3년	さんねん
4년	よねん	5년	ごねん	6년	ろくねん
7년	しち(なな)ねん	8년	はちねん	9년	きゅうねん
10년	じゅうねん	11년	じゅういちねん	12년	じゅうにねん

+ [년]을 외울 때는 [년(年(ねん))]에 숫자를 붙여줍니다.

+ [4년]은 4의 발음인 [よん、し]를 사용하지 않고 특별하게 [よねん]을 사용하는 것에 주의해야 합니다.

-은 언제입니까?

05 ~は いつですか。

□ お誕生日 생일
□ いつ 언제
□ 夏休み 여름 방학
□ バレンタインデー
밸런타인데이

お誕生日は いつですか。　　　생일은 언제입니까?

夏休みは いつですか。　　　여름 방학(여름 휴가)은 언제입니까?

バレンタインデーは いつですか。　　　밸런타인데이는 언제입니까?

01 다음 <예>와 같이 말해 보세요.

예 昨日（きのう） / 暑（あつ）い

A: 昨日は 暑（あつ）かったですか。
B: はい、暑（あつ）かったです。 / いいえ、暑（あつ）くありませんでした。

❶ 週末（しゅうまつ） / 忙（いそが）しい

❷ 旅行（りょこう） / 楽（たの）しい

❸ その 映画（えいが） / 怖（こわ）い

❹ 今日（きょう）の 授業（じゅぎょう） / 難（むずか）しい

❺ 昨日（きのう） / 天気（てんき）が いい

풀이 노트 01

◎ S01_02

예　昨日 / 暑い

A: 昨日は 暑かったですか。어제는 더웠습니까?
B: はい、暑かったです。네, 더웠습니다.
　　いいえ、暑くありませんでした。아니오, 덥지 않았습니다.

□ 昨日 어제
□ 暑い 덥다
□ 週末 주말
□ 忙しい 바쁘다
□ 旅行 여행
□ 楽しい 즐겁다
□ その 그
□ 映画 영화
□ 怖い 무섭다
□ 今日 오늘
□ 授業 수업
□ 難しい 어렵다
□ 天気 날씨
□ いい 좋다

① 週末 / 忙しい

A: 週末は 忙しかったですか。주말은 바빴습니까?
B: はい、忙しかったです。네, 바빴습니다.
　　いいえ、忙しくありませんでした。아니오, 바쁘지 않았습니다.

② 旅行 / 楽しい

A: 旅行は 楽しかったですか。여행은 즐거웠습니까?
B: はい、楽しかったです。네, 즐거웠습니다.
　　いいえ、楽しくありませんでした。아니오, 즐겁지 않았습니다.

③ その 映画 / 怖い

A: その 映画は 怖かったですか。그 영화는 무서웠습니까?
B: はい、怖かったです。네, 무서웠습니다.
　　いいえ、怖くありませんでした。아니오, 무섭지 않았습니다.

④ 今日の授業 / 難しい

A: 今日の授業は 難しかったですか。오늘 수업은 어려웠습니까?
B: はい、難しかったです。네, 어려웠습니다.
　　いいえ、難しくありませんでした。아니오, 어렵지 않았습니다.

⑤ 昨日 / 天気が いい

A: 昨日は 天気が よかったですか。어제는 날씨가 좋았습니까?
B: はい、天気が よかったです。네, 날씨가 좋았습니다.
　　いいえ、天気が よくありませんでした。아니오, 날씨가 좋지 않았습니다.

02 다음 예와 같이 말해 보세요.

예 昨日（きのう） / 暇（ひま）だ

A: 昨日（きのう）は 暇（ひま）でしたか。
B: はい、暇（ひま）でした。
　　いいえ、暇（ひま）じゃありませんでした。

 ❶ あの 店（みせ） / きれいだ 

 ❷ 授業（じゅぎょう） / 簡単（かんたん）だ 

 ❸ 昨日（きのう） / 雨（あめ） 

 ❹ 土曜日（どようび） / 休（やす）み 

 ❺ 先週（せんしゅう） / テスト 

풀이 노트 02

◎ S01_03

> **예** 昨日（きのう） / 暇だ（ひま）
>
> A: 昨日（きのう）は 暇（ひま）でしたか。 어제는 한가했습니까?
> B: はい、暇（ひま）でした。 네, 한가했습니다.
> 　　いいえ、暇（ひま）じゃありませんでした。 아니오, 한가하지 않았습니다

□ 昨日（きのう） 어제
□ 暇だ（ひま） 한가하다
□ あの 저
□ 店（みせ） 가게
□ きれいだ 깨끗하다
□ 授業（じゅぎょう） 수업
□ 簡単だ（かんたん） 간단하다
□ 雨（あめ） 비
□ 土曜日（どようび） 토요일
□ 休み（やす） 휴일
□ 先週（せんしゅう） 지난 주
□ テスト 시험

① あの 店（みせ） / きれいだ

　A: あの 店（みせ）は きれいでしたか。 저 가게는 깨끗했습니까?
　B: はい、きれいでした。 네, 깨끗했습니다.
　　いいえ、きれいじゃありませんでした。 아니오, 깨끗하지 않았습니다.

② 授業（じゅぎょう） / 簡単だ（かんたん）

　A: 授業（じゅぎょう）は 簡単（かんたん）でしたか。 수업은 간단했습니까?
　B: はい、簡単（かんたん）でした。 네, 간단했습니다.
　　いいえ、簡単（かんたん）じゃありませんでした。 아니오, 간단하지 않았습니다.

③ 昨日（きのう） / 雨（あめ）

　A: 昨日（きのう）は 雨（あめ）でしたか。 어제는 비였습니까? (비가 내렸습니까?)
　B: はい、雨（あめ）でした。 네, 비였습니다. (비가 내렸습니다.)
　　いいえ、雨（あめ）じゃありませんでした。 아니오, 비가 아니었습니다.
　　　　　　　　　　　　　　　　　　　　　　(비가 내리지 않았습니다.)

④ 土曜日（どようび） / 休み（やす）

　A: 土曜日（どようび）は 休み（やす）でしたか。 토요일은 휴일이었습니까?
　B: はい、休み（やす）でした。 네, 휴일이었습니다.
　　いいえ、休み（やす）じゃありませんでした。 아니오, 휴일이 아니었습니다.

⑤ 先週（せんしゅう） / テスト

　A: 先週（せんしゅう）は テストでしたか。 지난 주는 시험이었습니까?
　B: はい、テストでした。 네, 시험이었습니다.
　　いいえ、テストじゃありませんでした。 아니오, 시험이 아니었습니다.

03 다음 예와 같이 말해 보세요.

예 A: 今日は 何月 何日ですか。（4月 17日）

B: しがつ じゅうしちにちです。

❶ A: 明日は 何月 何日ですか。（12月3日）

B:

❷ A: お正月は いつですか。（1月1日）

B:

❸ A: お誕生日は いつですか。（9月10日）

B:

❹ A: 子どもの日は いつですか。（5月5日）

B:

❺ A: テストは いつから いつまでですか。（11月8日〜14日）

B:

❻ A: デパートのセールは いつから いつまでですか。（7月9日〜20日）

B:

풀이 노트 03

◎ S01_04

□ 今日 오늘
□ 何月 몇 월
□ 何日 며칠
□ 明日 내일
□ お正月 설날
□ いつ 언제
□ お誕生日 생일
□ 子どもの日 어린이날
□ テスト 시험
□ デパート 백화점
□ セール 세일

예 A: 今日は 何月 何日ですか。（4月 17日）　오늘은 몇 월 며칠입니까?

B: しがつ じゅうしちにちです。　4월 17일입니다.

① A: 明日は 何月 何日ですか。　내일은 몇 월 며칠입니까?
B: 12月 3日(じゅうにがつ みっか)です。　12월 3일입니다.

② A: お正月は いつですか。　설날은 언제입니까?
B: 1月 1日(いちがつ ついたち)です。　1월 1일입니다.

③ A: お誕生日は いつですか。　생일은 언제입니까?
B: 9月 10日(くがつ とおか)です。　9월 10일입니다.

④ A: 子どもの日は いつですか。　어린이날은 언제입니까?
B: 5月 5日(ごがつ いつか)です。　5월 5일입니다.

⑤ A: テストは いつから いつまでですか。
시험은 언제부터 언제까지입니까?
B: 11月 8日(じゅういちがつ ようか)から、
14日(じゅうよっか)までです。　11월 8일부터 14일까지입니다.

⑥ A: デパートのセールは いつから いつまでですか。
백화점 세일은 언제부터 언제까지입니까?
B: 7月 9日(しちがつ ここのか)から、
20日(はつか)までです。　7월 9일부터 20일까지입니다.

◎ Track 02

キム	山田さん、夏休みは どうでしたか。
山田	旅行が 楽しかったです。
キム	そうですか。旅行は いつから いつまででしたか。
山田	7月 29日から 8月 4日まででした。 いい 天気でしたが、とても 暑かったです。
キム	ホテルはどうでしたか。
山田	あまり 安くありませんでしたが、料理も おいしくて、 部屋も きれいでした。

김민수　야마다 씨, 여름 휴가는 어땠습니까?

야마다　여행이 즐거웠습니다.

김민수　그렇습니까?
　　　　여행은 언제부터 언제까지였습니까?

야마다　7월 29일부터 8월 4일까지였습니다.
　　　　좋은 날씨였습니다만, 아주 더웠습니다.

김민수　호텔은 어땠습니까?

야마다　그다지 싸지 않았습니다만,
　　　　요리도 맛있고, 방도 깨끗했습니다.

□ 夏休み 여름 방학　　□ どうでしたか 어땠습니까?　　□ 旅行 여행　　□ 楽しい 즐겁다　　□ いつ 언제　　□ 天気 날씨

□ とても 매우　　□ 暑い 덥다　　□ ホテル 호텔　　□ 安い 싸다　　□ 料理 요리　　□ 部屋 방　　□ きれいだ 깨끗하다

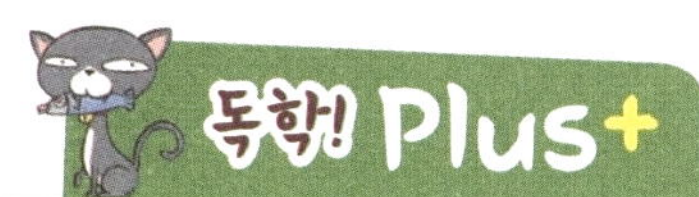

01 오늘 / 내일 / 모레

おととい	昨日 きのう	今日 きょう	明日 あした	あさって
그저께	어제	오늘	내일	모레
先々週 せんせんしゅう	先週 せんしゅう	今週 こんしゅう	来週 らいしゅう	再来週 さらいしゅう
지지난 주	지난 주	이번 주	다음 주	다 다음 주
先々月 せんせんげつ	先月 せんげつ	今月 こんげつ	来月 らいげつ	再来月 さらいげつ
지지난 달	지난 달	이번 달	다음 달	다 다음달
おととし	去年 きょねん	今年 ことし	来年 らいねん	再来年 さらいねん
재작년	작년	올해	내년	내후년

** [先々週] [先々月]의 [々]는 바로 앞의 글자 대신해서 사용 됩니다.
예를들면 [가끔/때때로]라는 의미의 [時時]는[時々]로, [여러가지]라는 의미의 [色色]는 [色々]로 사용할 수 있습니다.

02 숫자 4, 7, 9

	4	7	9
엔 (円)	よえん	ななえん	きゅうえん
사람 (人)	よにん	なな (しち) にん	きゅうにん
시(時)	よじ	しちじ	くじ
년 (年)	よねん	ななねん	きゅうねん
월 (月)	しがつ	しちがつ	くがつ
일 (日)	よっか	なのか	ここのか
~개 (〜つ)	よっつ	ななつ	ここのつ

01 다음을 듣고 언제부터 언제까지인지 날짜를 적어 넣으세요.

예		ようか 8日 ~ じゅうしちにち １７日
❶		~
❷		~
❸		~
❹		~

풀이 노트 01

（예）
A: セールは いつから いつまででしたか。
세일은 언제부터 언제까지였습니까?

B: 8日から 17日まででした。 8일부터 17일까지였습니다.
A: 安かったですか。 （값이） 쌌습니까?
B: はい、とても 安くて よかったです。 예, 매우 싸고 좋았습니다.

① A: 旅行は いつから いつまででしたか。
여행은 언제부터 언제까지였습니까?

B: 13日から 20日まででした。 13일부터 20일까지였습니다.
A: 楽しかったですか。 즐거웠습니까?
B: はい、とても 楽しかったです。 예, 매우 즐거웠습니다.

② A: テストは いつから いつまででしたか。
시험은 언제부터 언제까지였습니까?

B: 6日から 10日まででした。 6일부터 10일까지였습니다.
A: どうでしたか。 어땠습니까?
B: 少し 難しかったです。 조금 어려웠습니다.

③ A: 新しい 仕事は いつから いつまででしたか。
새로운 일은 언제부터 언제까지였습니까?

B: 2日から 14日まででした。 2일부터 14일까지였습니다.
A: どうでしたか。 어땠습니까?
B: 新しい 仕事でしたから、とても 大変でした。 새로운 일이었기때문에, 매우 힘들었습니다.

④ A: 先月の授業は いつから いつまででしたか。
지난 달 수업은 언제부터 언제까지였습니까?

B: 1日から 29日まででした。 1일부터 29일까지였습니다.
A: 難しかったですか。 어려웠습니까?
B: いいえ、易しくて、とても おもしろかったです。
아니오, 쉽고 아주 재미있었습니다.

□ セール 세일
□ いつ 언제
□ から ~부터
□ まで ~까지
□ 安い 싸다
□ とても 매우
□ いい 좋다
□ 旅行 여행
□ 楽しい 즐겁다
□ テスト 시험
□ どうでしたか 어땠습니까?
□ 少し 조금
□ 難しい 어렵다
□ 新しい 새롭다
□ 仕事 일
□ 大変だ 힘들다
□ 先月 지난 달
□ 授業 수업
□ 易しい 쉽다
□ おもしろい 재미있다

정답 : ① 13日～20日
② 6日～10日
③ 2日～14日
④ 1日～29日

unit 01 필기시험

□ 1회 점수 :　　　　　/ 100
□ 2회 점수 :　　　　　/ 100
□ 3회 점수 :　　　　　/ 100

어휘

01 다음 단어의 의미를 써 보세요. (1문제 4점)

① げつようび

② むいか

③ しがつ

④ ここのか

⑤ よねん

02 다음 단어를 일본어로 써 보세요. (1문제 4점)

① 여행

② 방

③ 여름방학

④ 주말

⑤ 지난 주

01 다음 문장을 한국어로 해석해 보세요. (1문제 3점)

① 今日の 授業は 難しくありませんでした。

____

② 高校の 先生は とても 真面目な 人でした。

____

③ テストは いつから いつまででしたか。

____

02 다음 문장을 일본어로 만들어 보세요. (1문제 5점)

① 어제는 날씨가 아주 좋았습니다.

____

② 저 가게는 싸고 요리도 맛있었지만, 그다지 깨끗하지 않았었습니다.

____

③ 백화점 세일은 7월 8일부터 14일까지였습니다.

____

01 다음 단어를 듣고 받아 써 보세요. (1문제 3점)

① 　② 　③ 

④ 　⑤ 　⑥

02 다음 문장을 듣고 받아 써 보세요. (1문제 6점)

① _______________________________________

② _______________________________________

③ _______________________________________

01 다음 단어의 의미를 써 보세요.
(1문제 4점)

① げつようび

② むいか

③ しがつ

④ ここのか

⑤ よねん

02 다음 단어를 일본어로 써 보세요.
(1문제 4점)

① 여행

② 방

③ 여름방학

④ 주말

⑤ 지난 주

어휘 01

① 월요일　【한자】月曜日
　☞ 이 문제를 틀렸을 경우에는 P.17를 다시 한번 확인 학습해 주세요.

② 6일　【한자】6日
　☞ 이 문제를 틀렸을 경우에는 P.17를 다시 한번 확인 학습해 주세요.

③ 4월　【한자】4月
　☞ 이 문제를 틀렸을 경우에는 P.17를 다시 한번 확인 학습해 주세요.

④ 9일　【한자】9日
　☞ 이 문제를 틀렸을 경우에는 P.17를 다시 한번 확인 학습해 주세요.

⑤ 4년　【한자】4年
　☞ 이 문제를 틀렸을 경우에는 P.18를 다시 한번 확인 학습해 주세요.

어휘 02

① 旅行
　☞ 이 문제를 틀렸을 경우에는 P.21를 다시 한번 확인 학습해 주세요.

② 部屋
　☞ 이 문제를 틀렸을 경우에는 P.26를 다시 한번 확인 학습해 주세요.

③ 夏休み
　☞ 이 문제를 틀렸을 경우에는 P.19를 다시 한번 확인 학습해 주세요.

④ 週末
　☞ 이 문제를 틀렸을 경우에는 P.21를 다시 한번 확인 학습해 주세요.

⑤ 先週
　☞ 이 문제를 틀렸을 경우에는 P.23를 다시 한번 확인 학습해 주세요.

쓰기

01 다음 문장을 한국어로 해석해 보세요.
(1문제 3점)

① 今日の 授業は 難しくありませんでした。

② 高校の 先生は とても 真面目な
人でした。

③ テストは いつから いつまででしたか。

02 다음 문장을 일본어로 만들어 보세요.
(1문제 5점)

① 어제는 날씨가 아주 좋았습니다.

② 저 가게는 싸고 요리도 맛있었지만,
그다지 깨끗하지 않았습니다.

③ 백화점 세일은 7월 8일부터 14일까지였습니다.

듣기

01 다음 단어를 듣고 받아 써 보세요. (1문제 3점)

①	②
③	④
⑤	⑥

02 다음 문장을 듣고 받아 써 보세요.
(1문제 6점)

①

②

③

쓰기 01

① 오늘 수업은 어렵지 않았습니다.
☞ 이 문제를 틀렸을 경우에는 P.13를 다시 한번 확인 학습해 주세요.

② 고등학교 선생님은 아주 성실한 사람이었습니다.
☞ 이 문제를 틀렸을 경우에는 P.13를 다시 한번 확인 학습해 주세요.

③ 시험은 언제부터 언제까지였습니까?
☞ 이 문제를 틀렸을 경우에는 P.13를 다시 한번 확인 학습해 주세요.

쓰기 02

① 昨日は 天気が とても よかったです。
☞ 이 문제를 틀렸을 경우에는 P.21를 다시 한번 확인 학습해 주세요.

② あの 店は 安くて 料理も おいしかったですが、

あまり きれいじゃありませんでした。
☞ 이 문제를 틀렸을 경우에는 P.21~23를 다시 한번 확인 학습해 주세요.

③ デパートの セールは 7月 8日から 14日までででした。
☞ 이 문제를 틀렸을 경우에는 P.25를 다시 한번 확인 학습해 주세요.

듣기 01

① じゅぎょう 【뜻】수업 【한자】授業
☞ 이 문제를 틀렸을 경우에는 P.23를 다시 한번 확인 학습해 주세요.

② しょうがつ 【뜻】설날 【한자】正月
☞ 이 문제를 틀렸을 경우에는 P.25를 다시 한번 확인 학습해 주세요.

③ げつようび 【뜻】월요일 【한자】月曜日
☞ 이 문제를 틀렸을 경우에는 P.17를 다시 한번 확인 학습해 주세요.

④ しゅうまつ 【뜻】주말 【한자】週末
☞ 이 문제를 틀렸을 경우에는 P.21를 다시 한번 확인 학습해 주세요.

⑤ とおか 【뜻】10일 【한자】１０日
☞ 이 문제를 틀렸을 경우에는 P.17를 다시 한번 확인 학습해 주세요.

⑥ みっか 【뜻】3일 【한자】３日
☞ 이 문제를 틀렸을 경우에는 P.17를 다시 한번 확인 학습해 주세요.

듣기 02

① 今日の 授業は 難しかったです。 오늘 수업은 어려웠습니다.
☞ 이 문제를 틀렸을 경우에는 P.21를 다시 한번 확인 학습해 주세요.

② 4月 １４日です。 4월 14일입니다.
☞ 이 문제를 틀렸을 경우에는 P.17를 다시 한번 확인 학습해 주세요.

③ あの 店は きれいじゃありませんでした。 저 가게는 깨끗하지 않았습니다.
☞ 이 문제를 틀렸을 경우에는 P.23를 다시 한번 확인 학습해 주세요.

unit 02

よく カラオケに 行きますか。

학습사항

- ☐ **동사** 익히기
- ☐ **ます형** 익히기
- ☐ **조사** 익히기
- ☐ 図書館で 勉強を します。 도서관에서 공부를 합니다.
- ☐ 今日は 恋人に 会いません。 오늘은 애인을 만나지 않습니다.

독학 Plan

	학습 항목	학습 시간	학습 체크	학습 메모
1	동영상 또는 오디오 강의 수강	15분	☐1회 ☐2회 ☐3회	
2	요것만은 꼭꼭 Point (36~37p)	15분	☐1회 ☐2회 ☐3회	
3	실전처럼 술술 Speaking (38~39p)	15분	☐1회 ☐2회 ☐3회	
4	회화실력 쑥쑥 Conversation (40~41p)	15분	☐1회 ☐2회 ☐3회	
5	내 귀에 쑥쑥 Listening (42~43p)	15분	☐1회 ☐2회 ☐3회	
6	듣고 말하기 훈련용 MP3  S02_02	15분	☐1회 ☐2회 ☐3회	
7	2과 필기시험 (46~49p)	30분	☐50점 미만 ☐51~80점 ☐81~100점	

50점 미만 Unit 전체 1~2회 반복 학습
51점~80점 틀린 부분 다시 학습
81점~100점 다음 Unit 진행 OK~!!

01 동사

✚ [동사]는 동작이나 행동을 나타내며, 여러가지 형태로 활용(변화)을 합니다.

▶ **동사는 어미가 [う]단으로 끝난다.**

즉, 어미가 [う、く、ぐ、す、つ、ぬ、ぶ、む、る]이다.

[어미]는 단어의 끝글자를 말하며, 활용에 따라 변화합니다.

▶ **동사의 종류**

1 1그룹동사   **2** 2그룹동사   **3** 3그룹동사

일본어의 동사는 활용하는 규칙에 따라서, 즉 같은 규칙으로 활용하는 동사들을 그룹으로 묶어서 분류합니다. 그러므로 각각의 동사가 어느 그룹에 속하는지 구분하는 방법을 반드시 기억해야 합니다.

종류	구분 방법
1그룹동사	❶ [る]로 끝나지 않는 동사 예 会う、書く、泳ぐ、話す、待つ、死ぬ、遊ぶ、飲む... ❷ [る]로 끝나고 바로 앞이 [あ]단, [う]단, [お]단이 오는 동사 예 ある、作る、撮る... ❸ 예외1그룹동사 예 帰る、入る、走る、切る、知る、要る...

✚ 예외 1그룹동사들은 [る]앞에 [い]단, [う]단이 오는 2그룹동사와 같은 형태를 하고 있어서 혼동하기 쉽기 때문에 무조건 외워야 합니다.

会う 만나다
書く 쓰다
泳ぐ 수영하다
話す 말하다
待つ 기다리다
死ぬ 죽다
遊ぶ 놀다
飲む 마시다
ある 있다
作る 만들다
撮る (사진을) 찍다
帰る 돌아가다
入る 들어가다
走る 달리다
切る 자르다
知る 알다
要る 필요하다

□ 見る 보다
□ 起きる 일어나다
□ 寝る 자다
□ 食べる 먹다
□ 来る 오다
□ する 하다

종류	구분 방법
2그룹동사	[る]로 끝나고 바로 앞이 [い]단, [え]단이 오는 동사 예 見る、起きる、寝る、食べる…
3그룹동사	예 来る、する

✚ 3그룹에 속한 2개의 동사 [오다]와 [하다]는 형태상으로는 [る]앞에 [う]단에 해당하는 [く]와 [す]가 오기 때문에 1그룹으로 혼동하기 쉬우므로 주의해야 합니다.

✚ [하다]라는 의미의 [する]앞에 명사를 붙여서 [~하다]는 모두 3그룹동사입니다.
(예) [운동하다] [공부하다] [산책하다]

–합니다

02　~ます형(정중형)

기본형	**ます** ~합니다/~하겠습니다	**ません** ~하지 않습니다/~하지 않겠습니다
会う	会います	会いません
書く	書きます	書きません
泳ぐ	泳ぎます	泳ぎません
話す	話します	話しません
待つ	待ちます	待ちません
死ぬ	死にます	死にません
遊ぶ	遊びます	遊びません
飲む	飲みます	飲みません
作る	作ります	作りません
見る	見ます	見ません
寝る	寝ます	寝ません
来る	来ます	来ません
する	します	しません

1그룹동사　어미 い단+ます
2그룹동사　る+ます
3그룹동사

01 다음 예 와 같이 말해 보세요.

예　コーヒーを 飲む

A: よく コーヒーを 飲みますか。
B: はい、飲みます。
　　いいえ、飲みません。

❶ 友だちと 話す 

❷ プールで 泳ぐ

❸ タクシーに 乗る

❹ 日本料理を 食べる

❺ この レストランに 来る

풀이 노트 01

◎ S02_02

단어
□ コーヒー 커피
□ 飲む 마시다
□ よく 자주
□ 友だち 친구
□ 話す 말하다, 이야기하다
□ プール 수영장
□ 泳ぐ 수영하다
□ タクシー 택시
□ 乗る 타다
□ 日本料理 일본 요리
□ 食べる 먹다
□ この 이
□ レストラン 레스토랑
□ 来る 오다

예 コーヒーを 飲む

A: よく コーヒーを 飲みますか。 자주 커피를 마십니까?
B: はい、飲みます。 네, 마십니다.
　 いいえ、飲みません。 아니오, 마시지 않습니다.

① 友だちと 話す

A: よく 友だちと 話しますか。 자주 친구와 이야기합니까?
B: はい、話します。 네, 이야기합니다.
　 いいえ、話しません。 아니오, 이야기하지 않습니다.

② プールで 泳ぐ

A: よく プールで 泳ぎますか。 자주 수영장에서 수영합니까?
B: はい、泳ぎます。 네, 수영합니다.
　 いいえ、泳ぎません。 아니오, 수영하지 않습니다.

③ タクシーに 乗る

A: よく タクシーに 乗りますか。 자주 택시를 탑니까?
B: はい、乗ります。 네, 탑니다.
　 いいえ、乗りません。 아니오, 타지 않습니다.

④ 日本料理を 食べる

A: よく 日本料理を 食べますか。 자주 일본 요리를 먹습니까?
B: はい、食べます。 네, 먹습니다.
　 いいえ、食べません。 아니오, 먹지 않습니다.

⑤ この レストランに 来る

A: よく この レストランに 来ますか。 자주 이 레스토랑에 옵니까?
B: はい、来ます。 네, 옵니다.
　 いいえ、来ません。 아니오, 오지 않습니다.

山田　キムさん、今週末は　何を　しますか。

キム　友だちに　会います。それから、カラオケに　行きます。

山田　よく　カラオケに　行きますか。

キム　はい、歌が　好きだから、よく　行きます。

　　　とても　楽しいですよ。山田さんは　何を　しますか。

山田　図書館に　行きます。

キム　よく　図書館に　行きますか。

山田　いいえ、あまり　行きません。

　　　でも、来週から　テストだから、図書館で　勉強を　します。

야마다　김민수 씨, 이번 주말은 뭐 하세요?
김민수　친구를 만납니다.
　　　　그리고 나서 노래방에 갈 겁니다
야마다　자주 노래방에 가세요?
김민수　예, 노래를 좋아하기 때문에,
　　　　자주 갑니다. 아주 즐겁습니다.
　　　　야마다 씨는 뭐 하세요?
야마다　도서관에 갑니다.
김민수　자주 도서관에 갑니까?
야마다　아니오, 별로 안 갑니다.
　　　　하지만, 다음 주부터 시험이기 때문에,
　　　　도서관에서 공부할 겁니다.

□ 今週末 이번 주말　　□ 何 무엇　　□ ～を ~을(를)　　□ する 하다　　□ 友だち 친구　　□ ～に 会う ~을(를) 만나다

□ それから 그리고　　□ カラオケ 노래방　　□ ～に ~에　　□ 行く 가다　　□ よく 자주　　□ 歌 노래

□ 好きだ 좋아하다　　□ ～から ~부터/~이기 때문에　　□ 楽しい 즐겁다　　□ 図書館 도서관　　□ あまり 그다지

□ でも 하지만　　□ 来週 다음 주　　□ ～で ~에서　　□ 勉強 공부

01 동사 분류의 다른 명칭

일본인이 배우는 학교 문법 명칭	예	외국인을 위한 일본어 교육 문법 명칭
5단 활용동사	会う、書く	1그룹동사
상1단 동사	起きる	2그룹동사
하1단 동사	食べる	
カ행 변격동사	来る	3그룹동사 (불규칙동사)
サ행 변격동사	する	

** 일본인이 학교에서 배우는 문법 명칭은 복잡하기 때문에 외국인이 일본어를 배울 때 더 쉽고
간단하게 활용 형태가 같은 것끼리 묶어서 분류해 놓은 명칭이 일본어 교육 문법의 명칭입니다.

02 それから

[그리고 나서] [그 다음에]라는 의미로 일어난 순서에 따라서 두 문장을 나열할 때 사용합니다.

03 주의해야 할 일본한자 (1)

① 来 : 来る(오다)、来週(다음 주)　　② 遊 : 遊ぶ(놀다)、遊園地(유원지)

한국한자와 일본한자가 다르기
때문에 한국한자(來)로 쓰지
않도록 주의해야 합니다.

반드시 외워야 할 한자지만, 쓰는
방법이 복잡해서 많이 틀리는 한자
입니다. 순서대로 여러 번 쓰면서 외
워봅시다.

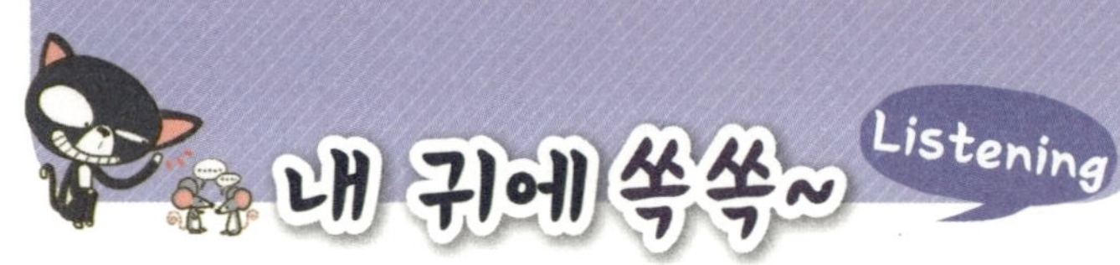

01 다음을 듣고 그림을 골라서 순서대로 번호를 넣으세요.

◎ **Track 06**

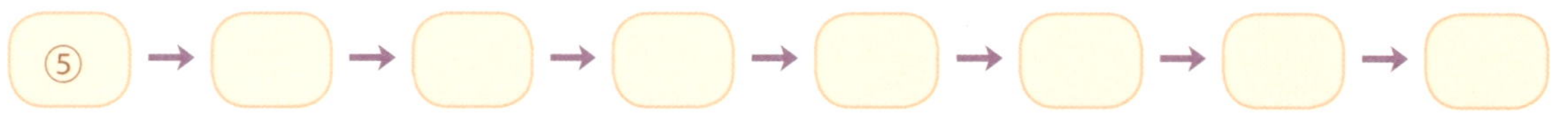

❶	❷	❸
❹	❺ PM 02 : 00	❻
❼	❽	❾

풀이 노트 01

私は 今日 2時まで 図書館で レポートを 書きます。
저는 오늘 2시까지 도서관에서 리포트를 씁니다.

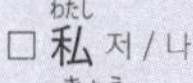

友だちに 会います。
친구를 만납니다.

コーヒーを 飲みます。
커피를 마십니다.

映画を 見ます。
영화를 봅니다.

地下鉄に 乗ります。
지하철을 탑니다.

うちに 帰ります。
집에 돌아갑니다.

お風呂に 入ります。
목욕을 합니다.

恋人に 電話を かけます。
애인에게 전화를 겁니다.

□ 私 저 / 나	
□ 今日 오늘	
□ 図書館 도서관	
□ レポート 리포트	
□ 書く 쓰다	
□ 友だち 친구	
□ 会う 만나다	
□ コーヒー 커피	
□ 飲む 마시다	
□ 映画 영화	
□ 見る 보다	
□ 地下鉄 지하철	
□ 乗る 타다	
□ うち 집	
□ 帰る 돌아가다	
□ お風呂に 入る 목욕을 하다	
□ 恋人 애인	
□ 電話 전화	
□ かける 걸다	

정답 : ⑤ → ⑧ → ① → ⑨ → ③ → ④ → ⑦ → ⑥

	의미	예문
は	~은/는	私は 会社員です。
も	~도	キムさんは 英語も 日本語も 上手です。
の	명사수식	これは 韓国の 新聞です。
の	~의	それは 先生の 本です。
の	~의 것	あの 財布は 私のです。
が	~이/가	今日は 天気が いいです。
が	~지만, 다만	すしは 高いですが、おいしいです。
から	~부터/~에서	日本語の 授業は 2時からです。
から	이유(~때문에)	この 店は 有名だから、人が 多いです。
まで	~까지	会社は 午後 7時までです。
と	~와/과	この 新聞と 雑誌 ください。
を	~을/를	テレビを 見ます。
へ	~에(방향)	学校へ 行きます。
に	~에(장소)	図書館に 来ます。
に	~에(시간)	朝 6時に 起きます。
に	~에게(상대)	先生に 話します。
で	~에서(장소)	図書館で 勉強します。
で	~로(수단/방법)	会社まで 地下鉄で 行きます。日本語で 話します。
で	숫자+で(~해서)	全部で いくらですか。

朝 7時に 起きる
아침 7시에 일어나다

ごはんを 食べる
밥을 먹다

地下鉄に 乗る
지하철을 타다

学校へ 行く
학교에 가다

勉強を する
공부를 하다

先生と 話す
선생님과 이야기하다

図書館に 来る
도서관에 오다

レポートを 書く
리포트를 쓰다

本を 読む
책을 읽다

電話を かける
전화를 걸다

恋人に 会う
애인을 만나다

かばんを 買う
가방을 사다

友だちと 遊ぶ
친구와 놀다

お酒を 飲む
술을 마시다

音楽を 聞く
음악을 듣다

歌を 歌う
노래를 부르다

うちへ 帰る
집에 돌아오다

テレビを 見る
텔레비전을 보다

お風呂に 入る
목욕을 하다

夜、遅く 寝る
밤 늦게 자다

□ 1회 점수 : / 100
□ 2회 점수 : / 100
□ 3회 점수 : / 100

01 다음 단어의 의미를 써 보세요. (1문제 4점)

① 待つ

② 寝る

③ 遊ぶ

④ 書く

⑤ 乗る

02 다음 단어를 일본어로 써 보세요. (1문제 4점)

① 가다

② 오다

③ 보다

④ 말하다

⑤ 듣다

쓰기

01 다음 문장을 한국어로 해석해 보세요. (1문제 3점)

① よく 新聞を 読みますか。

② 来週から テストだから、図書館で 勉強をします。

③ 夜遅く お風呂に 入りません。

02 다음 문장을 일본어로 만들어 보세요. (1문제 5점)

① 내일 친구를 만납니다.

② 자주 풀장에서 수영합니까?

③ 회사까지 택시를 타지 않습니다. 지하철을 탑니다.

듣기

◎ Test 02

01 다음 단어를 듣고 받아 써 보세요. (1문제 3점)

①　　②　　③

④　　⑤　　⑥

02 다음 문장을 듣고 받아 써 보세요. (1문제 6점)

①

②

③

어휘

01 다음 단어의 의미를 써 보세요.
(1문제 4점)

① 待つ

② 寝る

③ 遊ぶ

④ 書く

⑤ 乗る

02 다음 단어를 일본어로 써 보세요.
(1문제 4점)

① 가다

② 오다

③ 보다

④ 말하다

⑤ 듣다

어휘 01

① 기다리다　【한자】待（ま）つ
　☞ 이 문제를 틀렸을 경우에는 P.36를 다시 한번 확인 학습해 주세요.

② 자다　【한자】寝（ね）る
　☞ 이 문제를 틀렸을 경우에는 P.37를 다시 한번 확인 학습해 주세요.

③ 놀다　【한자】遊（あそ）ぶ
　☞ 이 문제를 틀렸을 경우에는 P.36를 다시 한번 확인 학습해 주세요.

④ 쓰다　【한자】書（か）く
　☞ 이 문제를 틀렸을 경우에는 P.36를 다시 한번 확인 학습해 주세요.

⑤ 타다　【한자】乗（の）る
　☞ 이 문제를 틀렸을 경우에는 P.39를 다시 한번 확인 학습해 주세요.

어휘 02

①行（い）く
　☞ 이 문제를 틀렸을 경우에는 P.40를 다시 한번 확인 학습해 주세요.

②来（く）る
　☞ 이 문제를 틀렸을 경우에는 P.37를 다시 한번 확인 학습해 주세요.

③見（み）る
　☞ 이 문제를 틀렸을 경우에는 P.37를 다시 한번 확인 학습해 주세요.

④話（はな）す
　☞ 이 문제를 틀렸을 경우에는 P.37를 다시 한번 확인 학습해 주세요.

⑤聞（き）く
　☞ 이 문제를 틀렸을 경우에는 P.45를 다시 한번 확인 학습해 주세요.

01 다음 문장을 한국어로 해석해 보세요.
(1문제 3점)

① よく 新聞を 読みますか。

____

② 来週から テストだから、図書館で
勉強をします。

____

③ 夜遅く お風呂に 入りません。

____

02 다음 문장을 일본어로 만들어 보세요.
(1문제 5점)

① 내일 친구를 만납니다.

____

② 자주 풀장에서 수영합니까?

____

③ 회사까지 택시를 타지 않습니다.
지하철을 탑니다.

____

01 다음 단어를 듣고 받아 써 보세요. (1문제 3점)

①	②
③	④
⑤	⑥

02 다음 문장을 듣고 받아 써 보세요.
(1문제 6점)

①

②

③

쓰기 01

① 자주 신문을 읽습니까?
☞ 이 문제를 틀렸을 경우에는 P.45를 다시 한번 확인 학습해 주세요.

② 다음 주부터 시험이기때문에, 도서관에서 공부를 합니다.
☞ 이 문제를 틀렸을 경우에는 P.40를 다시 한번 확인 학습해 주세요.

③ 밤 늦게 목욕을 하지 않습니다.
☞ 이 문제를 틀렸을 경우에는 P.45를 다시 한번 확인 학습해 주세요.

쓰기 02

① 明日、友だちに 会います。
☞ 이 문제를 틀렸을 경우에는 P.40를 다시 한번 확인 학습해 주세요.

② よく プールで 泳ぎますか。
☞ 이 문제를 틀렸을 경우에는 P.39를 다시 한번 확인 학습해 주세요.

③ 会社まで タクシーに 乗りません。地下鉄に 乗ります。
☞ 이 문제를 틀렸을 경우에는 P.39를 다시 한번 확인 학습해 주세요.

듣기 01

① としょかん 〔뜻〕도서관 【한자】図書館
☞ 이 문제를 틀렸을 경우에는 P.40를 다시 한번 확인 학습해 주세요.

② ともだち 〔뜻〕친구 【한자】友だち
☞ 이 문제를 틀렸을 경우에는 P.40를 다시 한번 확인 학습해 주세요.

③ ちかてつ 〔뜻〕지하철 【한자】地下鉄
☞ 이 문제를 틀렸을 경우에는 P.43를 다시 한번 확인 학습해 주세요.

④ がっこう 〔뜻〕학교 【한자】学校
☞ 이 문제를 틀렸을 경우에는 P.45를 다시 한번 확인 학습해 주세요.

⑤ こいびと 〔뜻〕애인 【한자】恋人
☞ 이 문제를 틀렸을 경우에는 P.43를 다시 한번 확인 학습해 주세요.

⑥ おんがく 〔뜻〕음악 【한자】音楽
☞ 이 문제를 틀렸을 경우에는 P.45를 다시 한번 확인 학습해 주세요.

듣기 02

① うちに 帰ります。 집에 돌아갑니다.
☞ 이 문제를 틀렸을 경우에는 P.43를 다시 한번 확인 학습해 주세요.

② 電話を かけません。 전화를 걸지 않습니다.
☞ 이 문제를 틀렸을 경우에는 P.43를 다시 한번 확인 학습해 주세요.

③ 今週末は 何を しますか。 이번 주말은 무엇을 합니까?
☞ 이 문제를 틀렸을 경우에는 P.40를 다시 한번 확인 학습해 주세요.

unit 03

<ruby>昨日<rt>きのう</rt></ruby>は <ruby>何<rt>なに</rt></ruby>を
しましたか。

학습사항

☐ **동사의 과거, 과거부정형** 익히기

☐ 友だちと 遊び**ました**。 친구와 놀았습니다.

☐ 昨日は 学校へ 行き**ませんでした**。 어제는 학교에 가지 않았습니다.

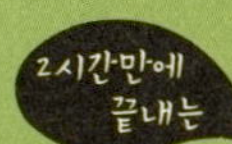

독학 Plan

	학습 항목	학습 시간	학습 체크			학습 메모
1	동영상 또는 오디오 강의 수강	15분	☐1회	☐2회	☐3회	
2	요것만은 꼭꼭 Point (52~53p)	15분	☐1회	☐2회	☐3회	
3	실전처럼 술술 Speaking (54~57)	15분	☐1회	☐2회	☐3회	
4	회화실력 쑥쑥 Conversation (58~59)	15분	☐1회	☐2회	☐3회	
5	내 귀에 쏙쏙 Listening (60~61)	15분	☐1회	☐2회	☐3회	
6	듣고 말하기 훈련용 MP3 ◉ S03_02,03	15분	☐1회	☐2회	☐3회	
7	3과 필기시험 (62~65p)	30분	☐50점 미만	☐51~80점	☐81~100점	

50점 미만	Unit 전체 1~2회 반복 학습
51점~80점	틀린 부분 다시 학습
81점~100점	다음 Unit 진행 OK~!!

01 ます형의 과거형

□ 買う 사다
□ 聞く 듣다
□ 急ぐ 서두르다
□ 話す 말하다
□ 待つ 기다리다
□ 死ぬ 죽다
□ 遊ぶ 놀다
□ 読む 읽다
□ 乗る 타다
□ 見る 보다
□ 食べる 먹다
□ 来る 오다
□ する 하다

기본형	～ました ～했습니다	～ませんでした ～하지 않았습니다
1그룹동사 어미い단+ました		
買う	買いました	買いませんでした
聞く	聞きました	聞きませんでした
急ぐ	急ぎました	急ぎませんでした
話す	話しました	話しませんでした
待つ	待ちました	待ちませんでした
死ぬ	死にました	死にませんでした
遊ぶ	遊びました	遊びませんでした
読む	読みました	読みませんでした
乗る	乗りました	乗りませんでした
2그룹동사 る+ました		
見る	見ました	見ませんでした
食べる	食べました	食べませんでした
3그룹동사		
来る	来ました	来ませんでした
する	しました	しませんでした

✚ [~ました]는 과거 긍정형의 정중한 형태로, [~ます형]과 같은 방법으로 변화시켜서
　[~ます]대신에 [~ました]를 붙여서 만듭니다

✚ [~ませんでした]는 [~하지 않았습니다]라는 의미의 정중한 과거부정형입니다.

✚ 의문문은 [~ます형]과 동일하게 문장의 끝에 [か]를 붙여서 만듭니다.

01 다음 예와 같이 말해 보세요.

예 　学校へ　行く

A: 昨日、学校へ　行きましたか。
B: はい、行きました。
　　いいえ、行きませんでした。

❶　恋人に　会う

❷　早く　寝る

❸　料理を　作る

❹　日本語の勉強を　する

❺　友だちに　電話を　かける

풀이 노트 01

□ 学校 학교	
□ 行く 가다	
□ 昨日 어제	
□ 恋人 애인	
□ 会う 만나다	
□ 早く 일찍	
□ 寝る 자다	
□ 料理 요리	
□ 作る 만들다	
□ 日本語 일본어	
□ 勉強 공부	
□ する 하다	
□ 友だち 친구	
□ 電話 전화	
□ かける 걸다	

예 学校へ 行く
A: 昨日、学校へ 行きましたか。 어제, 학교에 갔습니까?
B: はい、行きました。 네, 갔습니다.
　　いいえ、行きませんでした。 아니오, 가지 않았습니다.

① 恋人に 会う
A: 昨日、恋人に 会いましたか。 어제, 애인을 만났습니까?
B: はい、会いました。 네, 만났습니다.
　　いいえ、会いませんでした。 아니오, 만나지 않았습니다.

② 早く 寝る
A: 昨日、早く 寝ましたか。 어제, 일찍 잤습니까?
B: はい、早く 寝ました。 네, 일찍 잤습니다.
　　いいえ、早く 寝ませんでした。 아니오, 일찍 자지 않았습니다.

③ 料理を 作る
A: 昨日、料理を 作りましたか。 어제, 요리를 만들었습니까?
B: はい、作りました。 네, 만들었습니다.
　　いいえ、作りませんでした。 아니오, 만들지 않았습니다.

④ 日本語の勉強を する
A: 昨日、日本語の勉強を しましたか。 어제, 일본어 공부를 했습니까?
B: はい、しました。 네, 했습니다.
　　いいえ、しませんでした。 아니오, 하지 않았습니다.

⑤ 友だちに 電話を かける
A: 昨日、友だちに 電話を かけましたか。 어제, 친구에게 전화를 걸었습니까?
B: はい、かけました。 네, 걸었습니다.
　　いいえ、かけませんでした。 아니오, 걸지 않았습니다.

02 다음 예와 같이 말해 보세요.

> 예 
> 服を 買う / 高い
> A: 昨日、服を 買いましたか。
> B: いいえ、買いませんでした。
> A: どうして 買いませんでしたか。
> B: 高かったですから、買いませんでした。

❶  テレビを 見る / 忙しい 

❷  早く 帰る / 仕事が 多い 

❸  友だちと 遊ぶ / アルバイトが 大変だ 

❹  早く 起きる / 日曜日だ 

풀이 노트 02

□ 服 옷
□ 買う 사다
□ 高い 비싸다
□ 昨日 어제
□ どうして 왜 / 어째서
□ テレビ 텔레비전
□ 見る 보다
□ 忙しい 바쁘다
□ 早く 일찍
□ 帰る 돌아가다
□ 仕事 일
□ 多い 많다
□ 友だち 친구
□ 遊ぶ 놀다
□ アルバイト 아르바이트
□ 大変だ 힘들다
□ 起きる 일어나다
□ 日曜日 일요일

예 服を 買う / 高い

A: 昨日、服を 買いましたか。 어제, 옷을 샀습니까?

B: いいえ、買いませんでした。 아니오, 사지 않았습니다.

A: どうして 買いませんでしたか。 왜 사지 않았습니까?

B: 高かったですから、買いませんでした。 비쌌기 때문에 사지 않았습니다.

① テレビを 見る / 忙しい

A: 昨日、テレビを 見ましたか。 어제, 텔레비전을 봤습니까?

B: いいえ、見ませんでした。 아니오, 보지 않았습니다.

A: どうして 見ませんでしたか。 왜 보지 않았습니까?

B: 忙しかったですから、見ませんでした。 바빠서 보지 않았습니다.

② 早く 帰る / 仕事が 多い

A: 昨日、早く 帰りましたか。 어제, 일찍 돌아갔습니까?

B: いいえ、早く 帰りませんでした。 아니오, 일찍 돌아가지 않았습니다.

A: どうして 早く 帰りませんでしたか。 왜 일찍 돌아가지 않았습니까?

B: 仕事が 多かったですから、早く 帰りませんでした。

일이 많았기 때문에, 일찍 돌아가지 않았습니다.

③ 友だちと 遊ぶ / アルバイトが 大変だ

A: 昨日、友だちと 遊びましたか。 어제, 친구와 놀았습니까?

B: いいえ、遊びませんでした。 아니오, 놀지 않았습니다.

A: どうして 遊びませんでしたか。 왜 놀지 않았습니까?

B: アルバイトが 大変でしたから、遊びませんでした。

아르바이트가 힘들었기 때문에, 놀지 않았습니다.

④ 早く 起きる / 日曜日だ

A: 昨日、早く 起きましたか。 어제, 일찍 일어났습니까?

B: いいえ、早く 起きませんでした。 아니오, 일찍 일어나지 않았습니다.

A: どうして 早く 起きませんでしたか。 왜 일찍 일어나지 않았습니까?

B: 日曜日でしたから、早く 起きませんでした。

일요일이었기 때문에, 일찍 일어나지 않았습니다.

キム　山田さん、昨日は　何を　しましたか。

山田　友だちと　デパートで　買い物を　しました。

キム　いいですね。何を　買いましたか。

山田　くつと　財布を　買いました。

　　　それから、友だちと　一緒に　ごはんを　食べました。

キム　そうですか。何を　食べましたか。

山田　キムチチゲを　食べました。

　　　少し　辛かったですが、とても　おいしくて　よかったです。

김민수	야마다 씨, 어제는 무엇을 했습니까?
야마다	친구와 백화점에서 쇼핑을 했습니다.
김민수	좋네요. 무엇을 샀습니까?
야마다	구두와 지갑을 샀습니다. 그리고 나서 친구와 함께 밥을 먹었습니다.
김민수	그렇습니까? 무엇을 먹었습니까?
야마다	김치찌개를 먹었습니다. 조금 매웠지만, 아주 맛있고 좋았습니다.

□ 買い物 쇼핑　　□ 買う 사다　　□ くつ 구두　　□ ～と ~와(과)　　□ 財布 지갑　　□ それから 그리고 나서 / 그리고

□ 一緒に 함께　　□ ごはん 밥　　□ 食べる 먹다　　□ キムチチゲ 김치찌개　　□ 少し 조금　　□ 辛い 맵다

01 품사별 시제정리 (정중형)

		현재형	과거형
동　사	긍정	～ます	～ました
	부정	～ません	～ませんでした
い형용사	긍정	기본형 + です	어간 + かったです
	부정	어간 + くないです くありません	어간 + くなかったです くありませんでした
な형용사	긍정	어간 + です	어간 + でした
	부정	어간 + じゃないです じゃありません	어간 + じゃなかったです じゃありませんでした
명　사	긍정	명사 + です	명사 + でした
	부정	명사 + じゃないです じゃありません	명사 + じゃなかったです じゃありませんでした

02 早い ／ 早く

① [早い]는 [(시간이) 빠르다 / 이르다]의 의미로 명사를 수식하거나 문장 끝에 사용하는

[い형용사] 입니다.

　A : 毎朝、 6 時に 起きます。(매일 아침 6시에 일어납니다)
　B : 早いですね。(일찍이네요)

② [早く]는 [일찍 / 빨리]라는 의미로 동사를 수식하는 부사입니다.

　A : 毎朝、 6 時に 起きます。(매일 아침 6시에 일어납니다)
　B : 早く 起きますね。(일찍 일어나네요)

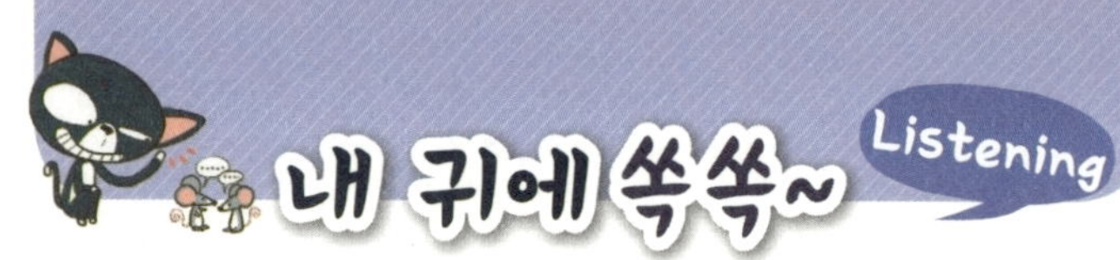

Track 09

01 다음을 듣고 그림에서 해당하는 번호를 2개씩 고르세요.

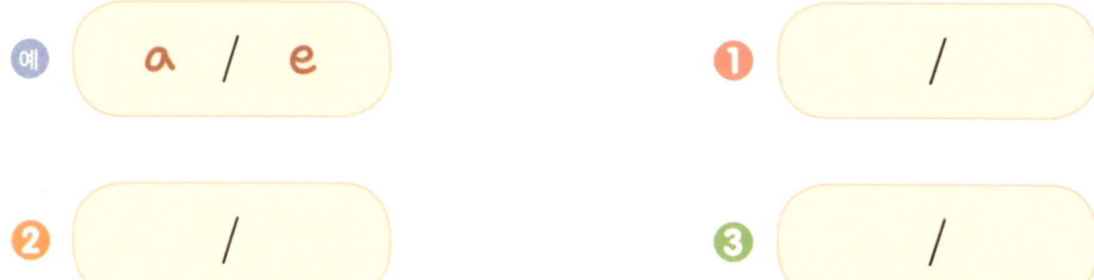

풀이 노트 01

예 A: 土曜日は 何を しましたか。 토요일은 무엇을 했습니까?
B: 友だちと ごはんを 食べました。 친구와 밥을 먹었습니다.
　 それから、映画を 見ました。 그리고 영화를 봤습니다.

정답 : a / e

① A: 夜は 何を しましたか。 밤에는 무엇을 했습니까?
B: お風呂に 入りました。 목욕을 했습니다.
　 それから、日本語の 勉強を しました。
　 그리고 일본어 공부를 했습니다.

정답 : c / h

② A: 昨日は 何を しましたか。 어제는 무엇을 했습니까?
B: うちで 本を 読みました。 집에서 책을 읽었습니다.
　 それから、料理を 作りました。 그리고 요리를 만들었습니다.

정답 : d / i

③ A: 週末は 何を しましたか。 주말은 무엇을 했습니까?
B: プールで 泳ぎました。 수영장에서 수영했습니다.
　 それから、友だちと 遊びました。 그리고 친구와 놀았습니다.

정답 : b / g

- □ 土曜日 토요일
- □ 何 무엇
- □ する 하다
- □ 友だち 친구
- □ ごはん 밥
- □ 食べる 먹다
- □ それから 그리고
- □ 映画 영화
- □ 見る 보다
- □ 夜 밤, 저녁
- □ お風呂に 入る 목욕을 하다
- □ 日本語 일본어
- □ 勉強 공부
- □ 昨日 어제
- □ うち 집
- □ 本 책
- □ 読む 읽다
- □ 料理 요리
- □ 作る 만들다
- □ 週末 주말
- □ プール 수영장
- □ 泳ぐ 수영하다
- □ 遊ぶ 놀다

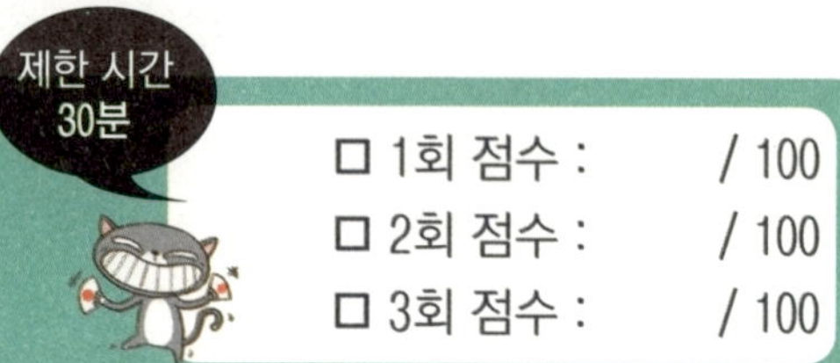

unit 03 필기시험

01 다음 단어의 의미를 써 보세요. (1문제 4점)

① 走る

② 泳ぐ

③ 飲む

④ 知る

⑤ 要る

02 다음 단어를 일본어로 써 보세요. (1문제 4점)

① 타다

② 만들다

③ 노래부르다

④ 죽다

⑤ 서두르다

01 다음 문장을 한국어로 해석해 보세요. (1문제 3점)

① 日曜日<ruby>にちようび</ruby>でしたから、早<ruby>はや</ruby>く 起<ruby>お</ruby>きませんでした。

____

② 昨日<ruby>きのう</ruby>は 学校<ruby>がっこう</ruby>へ 行<ruby>い</ruby>きました。

____

③ 友<ruby>とも</ruby>だちに 電話<ruby>でんわ</ruby>を かけましたか。

____

02 다음 문장을 일본어로 만들어 보세요. (1문제 5점)

① 백화점에서 구두와 지갑을 샀습니다.

____

② 왜 영화를 보지 않았습니까?

____

③ 일이 많았기 때문에, 일찍 돌아가지 않았습니다.

____

01 다음 단어를 듣고 받아 써 보세요. (1문제 3점)

① ________ ② ________ ③ ________

④ ________ ⑤ ________ ⑥ ________

02 다음 문장을 듣고 받아 써 보세요. (1문제 6점)

① ____

② ____

③ ____

어휘

01 다음 단어의 의미를 써 보세요.
(1문제 4점)

① 走る

② 泳ぐ

③ 飲む

④ 知る

⑤ 要る

02 다음 단어를 일본어로 써 보세요.
(1문제 4점)

① 타다

② 만들다

③ 노래부르다

④ 죽다

⑤ 서두르다

① 달리다 【한자】 走^{はし}る
☞ 이 문제를 틀렸을 경우에는 P.36를 다시 한번 확인 학습해 주세요.

② 수영하다 【한자】 泳^{およ}ぐ
☞ 이 문제를 틀렸을 경우에는 P.36를 다시 한번 확인 학습해 주세요.

③ 마시다 【한자】 飲^のむ
☞ 이 문제를 틀렸을 경우에는 P.36를 다시 한번 확인 학습해 주세요.

④ 알다 【한자】 知^しる
☞ 이 문제를 틀렸을 경우에는 P.36를 다시 한번 확인 학습해 주세요.

⑤ 필요하다 【한자】 要^いる
☞ 이 문제를 틀렸을 경우에는 P.36를 다시 한번 확인 학습해 주세요.

어휘 **02**

① 乗^のる
☞ 이 문제를 틀렸을 경우에는 P.38를 다시 한번 확인 학습해 주세요.

② 作^{つく}る
☞ 이 문제를 틀렸을 경우에는 P.36를 다시 한번 확인 학습해 주세요.

③ 歌^{うた}う
☞ 이 문제를 틀렸을 경우에는 P.45를 다시 한번 확인 학습해 주세요.

④ 死^しぬ
☞ 이 문제를 틀렸을 경우에는 P.36를 다시 한번 확인 학습해 주세요.

⑤ 急^{いそ}ぐ
☞ 이 문제를 틀렸을 경우에는 P.52를 다시 한번 확인 학습해 주세요.

쓰기

01 다음 문장을 한국어로 해석해 보세요.
(1문제 3점)

① 日曜日でしたから、

　早く 起きませんでした。
____

② 昨日は 学校へ 行きました。
____

③ 友だちに 電話を かけましたか。
____

02 다음 문장을 일본어로 만들어 보세요.
(1문제 5점)

① 백화점에서 구두와 지갑을 샀습니다.
____

② 왜 영화를 보지 않았습니까?
____

③ 일이 많았기 때문에, 일찍 돌아가지 않았습니다.
____

듣기

01 다음 단어를 듣고 받아 써 보세요. (1문제 3점)

① [　　　]　② [　　　]

③ [　　　]　④ [　　　]

⑤ [　　　]　⑥ [　　　]

02 다음 문장을 듣고 받아 써 보세요.
(1문제 6점)

①_______________________

②_______________________

③_______________________

쓰기 01

① 일요일이었기 때문에, 일찍 일어나지 않았습니다.
☞ 이 문제를 틀렸을 경우에는 P.57를 다시 한번 확인 학습해 주세요.

② 어제는 학교에 갔습니다.
☞ 이 문제를 틀렸을 경우에는 P.55를 다시 한번 확인 학습해 주세요.

③ 친구에게 전화를 걸었습니까?
☞ 이 문제를 틀렸을 경우에는 P.55를 다시 한번 확인 학습해 주세요.

쓰기 02

① デパートで 靴と 財布を 買いました。
☞ 이 문제를 틀렸을 경우에는 P.58를 다시 한번 확인 학습해 주세요.

② どうして 映画を 見ませんでしたか。
☞ 이 문제를 틀렸을 경우에는 P.57를 다시 한번 확인 학습해 주세요.

③ 仕事が 多かったですから、早く 帰りませんでした。
☞ 이 문제를 틀렸을 경우에는 P.57를 다시 한번 확인 학습해 주세요.

듣기 01

① どうして　【뜻】 왜 / 어째서
☞ 이 문제를 틀렸을 경우에는 P.57를 다시 한번 확인 학습해 주세요.

② いっしょに　【뜻】 함께 【한자】 一緒に
☞ 이 문제를 틀렸을 경우에는 P.58를 다시 한번 확인 학습해 주세요.

③ しごと　【뜻】 일 【한자】 仕事
☞ 이 문제를 틀렸을 경우에는 P.57를 다시 한번 확인 학습해 주세요.

④ ごはん　【뜻】 밥 【한자】 ごはん
☞ 이 문제를 틀렸을 경우에는 P.61를 다시 한번 확인 학습해 주세요.

⑤ しぬ　【뜻】 죽다 【한자】 死ぬ
☞ 이 문제를 틀렸을 경우에는 P.52를 다시 한번 확인 학습해 주세요.

⑥ いそがしい　【뜻】 바쁘다 【한자】 忙しい
☞ 이 문제를 틀렸을 경우에는 P.57를 다시 한번 확인 학습해 주세요.

듣기 02

① 昨日は 料理を 作りました。 어제는 요리를 만들었습니다.
☞ 이 문제를 틀렸을 경우에는 P.55를 다시 한번 확인 학습해 주세요.

② アルバイトが 大変でしたから、遊びませんでした。
아르바이트가 힘들었기 때문에 놀지 못했습니다.
☞ 이 문제를 틀렸을 경우에는 P.57를 다시 한번 확인 학습해 주세요.

③ 少し 辛かったですが、とても おいしくて よかったです。
조금 매웠지만, 아주 맛있고 좋았습니다.
☞ 이 문제를 틀렸을 경우에는 P.58를 다시 한번 확인 학습해 주세요.

9月1日(土)　　晴れ　♪

私は 今日、駅前の デパートに 行きました。

そこで、よし子さんの 誕生日プレゼントを 買いました。

今日は 土曜日でしたから、人が 本当に 多くて にぎやかでした。

私は まず 2階で 時計を 見ました。

でも、いい 時計が ありませんでしたから、買いませんでした。

それから、1階で かばんを 見ました。

よし子さんが 好きな、赤くて かわいい かばんが ありました。

少し 高かったですが、それを 買いました。

明日は よし子さんの 誕生日です。

明日のパーティーが 楽しみです。

★ 위의 내용과 맞으면 O표, 틀리면 X표를 하세요.

❶ よし子さんの プレゼントに 赤い かばんを 買いました。(　　)

❷ プレゼントは あまり 高く ありませんでした。(　　)

❸ よし子さんの 誕生日は 9月 1日です。(　　)

晴れ 맑음	駅前 역 앞	本当に 정말로	にぎやかだ 번화하다	まず 우선, 먼저
赤い 빨갛다	楽しみだ 기대되다			

Q 퀴즈: 다음 그림의 기모노는 언제 입을까요? 맞는 번호를 고르세요.

❶ はかま 袴

❷ しろむく 白無垢

❸ ふりそで 振袖

❹ ゆかた 浴衣

(1) 성인식   (2) 여름 축제   (3) 결혼식   (4) 대학 졸업식

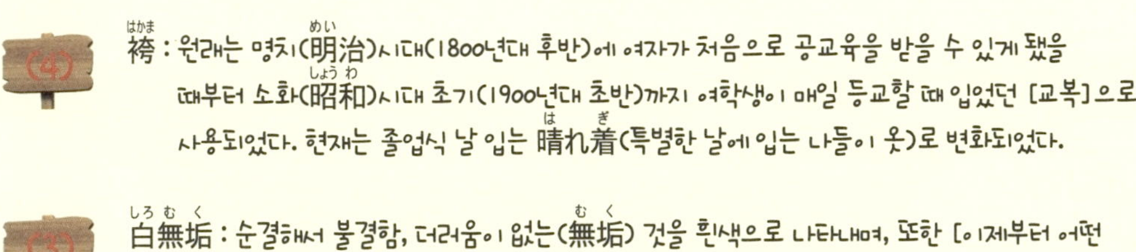

(④) はかま 袴 : 원래는 명치(明治)시대(1800년대 후반)에 여자가 처음으로 공교육을 받을 수 있게 됐을 때부터 소화(昭和)시대 초기(1900년대 초반)까지 여학생이 매일 등교할 때 입었던 [교복]으로 사용되었다. 현재는 졸업식 날 입는 晴れ着(특별한 날에 입는 나들이 옷)로 변화되었다.

(③) しろむく 白無垢 : 순결해서 불결함, 더러움이 없는(無垢) 것을 흰색으로 나타내며, 또한 [이제부터 어떤 색으로도 변할 수 있다, 즉 시댁의 색으로 변할 수 있다]의 의미로 신부의 마음을 나타낸다.

(①) ふりそで 振袖 : 미혼여성이 제사나 격식을 갖춰야 할 때 입는 옷이다. 이 옷의 특징은 소매 자락(袂)이 특별하게 길다. 이 옷은 주로 성인식에 입고, 그 이외에 친구나 친척 결혼식(피로연)때 입는다.

(②) ゆかた 浴衣 : 면으로 만든 유가타용의 천으로 만들어진 홑겹(単衣)의 긴 옷이다. 집이나 온천에서 목욕 후에 편하게 쉴 때의 옷으로도 사용한다. 그 밖에 여름축제(夏祭り)등의 여름 옷으로 입는다. 유가타는 맨 살에 입고, 맨발에 나막신(下駄)를 신는 것이 기본이다.

unit 04

一緒に 買い物に 行きませんか。

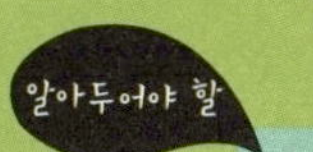

학습사항

- [ ] ^{すこ}少し ^{やす}休み**ませんか**。 조금 쉬지 않겠습니까?
- [ ] ^{はや}早く ^{かえ}帰り**ましょう**。 빨리 돌아갑시다.
- [ ] ^{なん じ}何時に ^あ会い**ましょうか**。 몇 시에 만날까요?
- [ ] ^{えい が}映画を ^み見に ^い行きます。 영화를 보러 갑니다.
- [ ] ^{きのう}昨日は アルバイトに ^い行きました。 어제는 아르바이트하러 갔습니다.

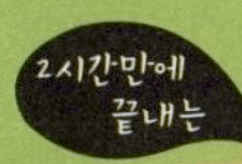

독학 Plan

	학습 항목	학습 시간	학습 체크	학습 메모
1	동영상 또는 오디오 강의 수강	15분	☐1회 ☐2회 ☐3회	
2	요것만은 꼭꼭 Point (70~71p)	15분	☐1회 ☐2회 ☐3회	
3	실전처럼 술술 Speaking (72~77)	15분	☐1회 ☐2회 ☐3회	
4	회화실력 쑥쑥 Conversation (78~79)	15분	☐1회 ☐2회 ☐3회	
5	내 귀에 쏙쏙 Listening (80~81)	15분	☐1회 ☐2회 ☐3회	
6	듣고 말하기 훈련용 MP3 S04_02,03,04	15분	☐1회 ☐2회 ☐3회	
7	4과 필기시험 (82~85p)	30분	☐50점 미만 ☐51~80점 ☐81~100점	

50점 미만 Unit 전체 1~2회 반복 학습
51점~80점 틀린 부분 다시 학습
81점~100점 다음 Unit 진행 OK~!!

-하지 않겠습니까?

01 ~ませんか

✚ 부정형인 [~ません]뒤에 [か]를 붙여서 만든 [~ませんか]는 권유하거나 상대방의 의향을 묻거나 할 때 사용하는 표현입니다.

✚ [~ますか]는 단순한 질문으로만 사용되며, 권유의 의미로는 사용할 수 없습니다.

□ ごはん 밥
□ 食べる 먹다
□ 一緒に 함께
□ 遊ぶ 놀다
□ 少し 조금
□ 休む 쉬다

ごはんを 食べませんか。 밥을 먹지 않겠습니까?

一緒に 遊びませんか。 함께 놀지 않겠습니까?

少し 休みませんか。 조금 쉬지 않겠습니까?

-합시다

02 ~ましょう

✚ [~ましょう]는 [~합시다]의 의미로 적극적으로 어떤 일을 제안하거나 권유할 때 사용합니다.

✚ 제안이나, 권유을 받았을 때, 그렇게 하겠다고 대답할 경우에도 사용합니다.

□ 映画 영화
□ 見る 보다
□ 運動 운동
□ 早く 일찍, 빨리
□ 帰る 돌아가다

映画を 見ましょう。 영화를 봅시다.

一緒に 運動しましょう。 함께 운동합시다.

早く 帰りましょう。 일찍 (집에) 돌아갑시다.

03 ~ましょうか

+ [~ましょう]뒤에 [か]를 붙여서 만든 [~ましょうか]는 권유하거나 상대방의 의향을 묻거나 할 때 사용하는 표현입니다.

+ [~ませんか]와 [~ましょうか]는 모두 상대방에게 어떤 일을 권유할 때 사용하지만, [~ましょうか]보다 [~ませんか]쪽이 상대방의 의향을 더욱 존중하는 표현입니다.

何時に 会いましょうか。 — 몇 시에 만날까요?

タクシーに 乗りましょうか。 — 택시를 탈까요?

日本へ 旅行に 行きましょうか。 — 일본에 여행 갈까요?

□ 何時 몇 시
□ 会う 만나다
□ タクシー 택시
□ 乗る 타다
□ 日本 일본
□ 旅行 여행
□ 行く 가다

04 동사의 ます형 ＋に / 동작성 명사＋に

+ 무엇인가를 하기 위해 이동한다는 목적을 나타내는 표현입니다.
+ 목적을 나타내는 조사 [に]앞에 [동사의 ます형]이나, 동작을 나타내는 명사를 붙여서 사용합니다.

恋人と 映画を 見に 行きます。 — 애인과 영화를 보러 갑니다.

明日、先生に 会いに 行きましょう。 — 내일 선생님을 만나러 갑시다.

昨日は アルバイトに 行きました。 — 어제는 아르바이트하러 갔습니다.

一緒に 食事に 行きませんか。 — 함께 식사하러 가지 않겠습니까?

□ 恋人 애인
□ 明日 내일
□ 先生 선생님
□ 昨日 어제
□ アルバイト 아르바이트
□ 食事 식사

01 다음 예와 같이 말해 보세요.

예 図書館に 行く / 忙しい
A: 一緒に、図書館に 行きませんか。
B: いいですね。行きましょう。
　 すみません。忙しいですから、ちょっと……。

❶ 海で 泳ぐ / 天気が 悪い

❷ お酒を 飲む / 仕事が 多い

❸ 映画を 見る / 宿題が 大変だ

❹ 歌を 歌う / 歌が 下手だ

❺ ゲームを する / 明日、テストだ

풀이 노트 01

◎ S04_02

> 예 図書館に 行く / 忙しい
> A: 一緒に、図書館に 行きませんか。 함께, 도서관에 가지 않겠습니까?
> B: いいですね。行きましょう。 좋아요. 갑시다.
>
> すみません。忙しいですから、ちょっと……。 죄송합니다. 바빠서, 좀...

① 海で 泳ぐ / 天気が 悪い
A: 一緒に、海で 泳ぎませんか。 함께, 바다에서 수영하지 않겠습니까?
B: いいですね。泳ぎましょう。 좋아요. 수영합시다.
すみません。天気が 悪いですから、ちょっと……。
죄송합니다. 날씨가 나빠서, 좀...

② お酒を 飲む / 仕事が 多い
A: 一緒に、お酒を 飲みませんか。 함께, 술을 마시지 않겠습니까?
B: いいですね。飲みましょう。 좋아요. 마십시다.
すみません。仕事が 多いですから、ちょっと……。
죄송합니다. 일이 많아서, 좀...

③ 映画を 見る / 宿題が 大変だ
A: 一緒に、映画を 見ませんか。 함께, 영화를 보지 않겠습니까?
B: いいですね。見ましょう。 좋아요. 봅시다.
すみません。宿題が 大変ですから、ちょっと……。
죄송합니다. 숙제가 힘들어서 좀...

④ 歌を 歌う / 歌が 下手だ
A: 一緒に、歌を 歌いませんか。 함께, 노래를 부르지 않겠습니까?
B: いいですね。歌いましょう。 좋아요. 부릅시다.
すみません。歌が 下手ですから、ちょっと……。
죄송합니다. 노래를 못하기 때문에 좀...

⑤ ゲームを する / 明日、テストだ
A: 一緒に、ゲームを しませんか。 함께, 게임을 하지 않겠습니까?
B: いいですね。しましょう。 좋아요. 합시다.
すみません。明日、テストですから、ちょっと……。
죄송합니다. 내일, 시험이기 때문에서, 좀...

단어
- □ 図書館 도서관
- □ 行く 가다
- □ 忙しい 바쁘다
- □ 一緒に 함께
- □ 海 바다
- □ 泳ぐ 헤엄치다
- □ 天気 날씨
- □ 悪い 나쁘다
- □ お酒 술
- □ 飲む 마시다
- □ 仕事 일
- □ 多い 많다
- □ 映画 영화
- □ 見る 보다
- □ 宿題 숙제
- □ 大変だ 힘들다
- □ 歌 노래
- □ 歌う 노래하다
- □ 下手だ 서툴다
- □ ゲーム 게임
- □ する 하다
- □ 明日 내일
- □ テスト 시험

02 다음 예와 같이 말해 보세요.

예 プール / 泳ぐ
A: 昨日、どこへ 行きましたか。
B: プールへ 行きました。
A: 何を しに 行きましたか。
B: 泳ぎに 行きました。

❶  友だちの うち / 勉強を する 

❷  学校 / 先生に 会う 

❸  ジム / 運動 

❹  デパート / 買い物 

❺  公園 / 散歩 

풀이 노트 02

◎ S04_03

□ プール 수영장
□ 泳ぐ 수영하다
□ 昨日 어제
□ どこ 어디
□ 行く 가다
□ 友だち 친구
□ うち 집
□ 勉強 공부
□ する 하다
□ 学校 학교
□ 先生 선생님
□ 会う 만나다
□ ジム 헬스클럽
□ 運動 운동
□ デパート 백화점
□ 買い物 쇼핑
□ 公園 공원
□ 散歩 산책

예 プール / 泳ぐ

A: 昨日、どこへ 行きましたか。 어제, 어디에 갔습니까?

B: プールへ 行きました。 수영장에 갔습니다.

A: 何を しに 行きましたか。 무엇을 하러 갔습니까?

B: 泳ぎに 行きました。 수영하러 갔습니다.

① 友だちの うち / 勉強を する

A: 昨日、どこへ 行きましたか。 어제, 어디에 갔습니까?

B: 友だちの うちへ 行きました。 친구 집에 갔습니다.

A: 何を しに 行きましたか。 무엇을 하러 갔습니까?

B: 勉強を しに 行きました。 공부를 하러 갔습니다.

② 学校 / 先生に 会う

A: 昨日、どこへ 行きましたか。 어제, 어디에 갔습니까?

B: 学校へ 行きました。 학교에 갔습니다.

A: 何を しに 行きましたか。 무엇을 하러 갔습니까?

B: 先生に 会いに 行きました。 선생님을 만나러 갔습니다.

③ ジム / 運動

A: 昨日、どこへ 行きましたか。 어제, 어디에 갔습니까?

B: ジムへ 行きました。 헬스클럽에 갔습니다.

A: 何を しに 行きましたか。 무엇을 하러 갔습니까?

B: 運動に 行きました。 운동하러 갔습니다.

④ デパート / 買い物

A: 昨日、どこへ 行きましたか。 어제, 어디에 갔습니까?

B: デパートへ 行きました。 백화점에 갔습니다.

A: 何を しに 行きましたか。 무엇을 하러 갔습니까?

B: 買い物に 行きました。 쇼핑하러 갔습니다.

⑤ 公園 / 散歩

A: 昨日、どこへ 行きましたか。 어제, 어디에 갔습니까?

B: 公園へ 行きました。 공원에 갔습니다.

A: 何を しに 行きましたか。 무엇을 하러 갔습니까?

B: 散歩に 行きました。 산책하러 갔습니다.

03 다음 예와 같이 말해 보세요.

예 映画を 見る / どんな 映画を 見る / アクション映画
A: 明日、一緒に 映画を 見に 行きませんか。
B: いいですね。どんな 映画を 見ましょうか。
A: アクション映画は どうですか。
B: いいですね。そうしましょう。

❶ 勉強を する / どこで する / 図書館

❷ お酒を 飲む / 何を 飲む / ワイン

❸ スキー / 何時に 会う / 朝 9時

❹ 買い物 / どこへ 行く / デパート

풀이 노트 03

 S04_04

例 映画を 見る / どんな 映画を 見る / アクション映画
A: 明日、一緒に 映画を 見に 行きませんか。 내일, 함께 영화를 보러 가지 않겠습니까?
B: いいですね。どんな 映画を 見ましょうか。 좋아요. 어떤 영화를 볼까요?
A: アクション映画は どうですか。 액션 영화는 어떻습니까?
B: いいですね。そうしましょう。 좋아요. 그렇게 합시다.

① 勉強を する / どこで する / 図書館
A: 明日、一緒に 勉強を しに 行きませんか。 내일, 함께 공부를 하러 가지 않겠습니까?
B: いいですね。 どこでしましょうか。 좋아요. 어디에서 할까요?
A: 図書館は どうですか。 도서관은 어떻습니까?
B: いいですね。 そうしましょう。 좋아요. 그렇게 합시다.

② お酒を 飲む / 何を 飲む / ワイン
A: 明日、一緒に お酒を 飲みに 行きませんか。 내일, 함께 술을 마시러 가지 않겠습니까?
B: いいですね。何を 飲みましょうか。 좋아요. 무엇을 마실까요?
A: ワインは どうですか。 와인은 어떻습니까?
B: いいですね。 そうしましょう。 좋아요. 그렇게 합시다.

③ スキーに 行く / 何時に 会う / 朝9時
A: 明日、一緒に スキーに 行きませんか。 내일, 함께 스키타러 가지 않겠습니까?
B: いいですね。何時に 会いましょうか。 좋아요. 몇 시에 만날까요?
A: 朝9時は どうですか。 아침 9시는 어떻습니까?
B: いいですね。 そうしましょう。 좋아요. 그렇게 합시다.

④ 買い物に 行く / どこへ 行く / デパート
A: 明日、一緒に 買い物に 行きませんか。 내일, 함께 쇼핑하러 가지 않겠습니까?
B: いいですね。 どこへ 行きましょうか。 좋아요. 어디에 갈까요?
A: デパートは どうですか。 백화점은 어떻습니까?
B: いいですね。 そうしましょう。 좋아요. 그렇게 합시다.

- □ 映画 영화
- □ 見る 보다
- □ どんな 어떤
- □ アクション 액션
- □ 明日 내일
- □ 一緒に 함께
- □ 勉強 공부
- □ どこ 어디
- □ 図書館 도서관
- □ お酒 술
- □ 飲む 마시다
- □ 何 무엇
- □ ワイン 와인
- □ スキー 스키
- □ 何時 몇 시
- □ 会う 만나다
- □ 朝 아침
- □ 買い物 쇼핑
- □ デパート 백화점

◉ **Track 11**

キム　山田さん、来週の 月曜日は 田中さんの 誕生日ですね。

山田　そうですね。プレゼントは 買いましたか。

キム　いいえ、まだです。これから 買いに 行きます。

山田　そうですか。
　　　私も まだですから、一緒に 買い物に 行きませんか。

キム　ええ、どこで、何時に 会いましょうか。

山田　学校の 前で 4時は どうですか。

キム　ええ、そうしましょう。何を 買いましょうか。

山田　田中さんは 韓国の ドラマが 好きだから、

　　　ドラマの DVDは どうですか。

キム　いいですね。そうしましょう。

김민수	야마다 씨, 다음 주 월요일은 다나까 씨의 생일이네요.
야마다	그렇네요. 선물은 샀습니까?
김민수	아니오. 아직입니다. 이제부터 사러 갈겁니다.
야마다	그렇습니까? 저도 아직이니까, 함께 쇼핑하러 가지 않겠습니까?
김민수	예, 어디에서, 몇 시에 만날까요?
야마다	학교 앞에서 4시는 어때요?
김민수	예, 그렇게 합시다. 무엇을 살까요?
야마다	다나까 씨는 한국 드라마를 좋아하니까, 드라마 DVD는 어떨까요?
김민수	좋네요. 그렇게 합시다.

어휘표현

□ **来週** 다음 주　□ **誕生日** 생일　□ **プレゼント** 선물　□ **まだ** 아직　□ **これから** 이제부터　□ **一緒に** 함께, 같이

□ **買い物** 쇼핑　□ **どこ** 어디　□ **何時** 몇 시　□ **学校** 학교　□ **前** 앞　□ **どうですか** 어떻습니까?　□ **ドラマ** 드라마

01 동작성 명사

① 구체적인 동작을 나타내는 명사를 동작성 명사라고 합니다.

運動 (운동) / 勉強 (공부) / 買い物 (쇼핑) / 旅行 (여행) / 散歩 (산책) / 食事 (식사) / 見学 (견학)

デート (데이트) / ドライブ (드라이브) / アルバイト (아르바이트)

② 명사뒤에 [する]를 붙여서 [~하다]의 의미로 사용할 수 있습니다.
運動する (운동하다) / 勉強する (공부하다) / デートする (데이트하다)

③ 명사뒤에 [に]를 붙이면 [~하러]라는 목적을 나타냅니다.
毎日、ジムへ 運動に 行きます。(매일 헬스클럽에 운동하러 갑니다.)

02 ちょっと

① [잠깐 / 조금]의 의미로 사용되는 부사입니다.

② 정중하게 거절할 때도 자주 사용됩니다.

A : 一緒に、映画を 見ませんか。(함께 영화를 보지 않겠습니까?)

B : すみません。忙しいから、ちょっと……。(미안합니다. 바빠서, 좀...)

** 일본사람들은 어떤 요청이나, 제의에 대해 직설적으로 [いいえ]를 사용해서 거절하지 않습니다.

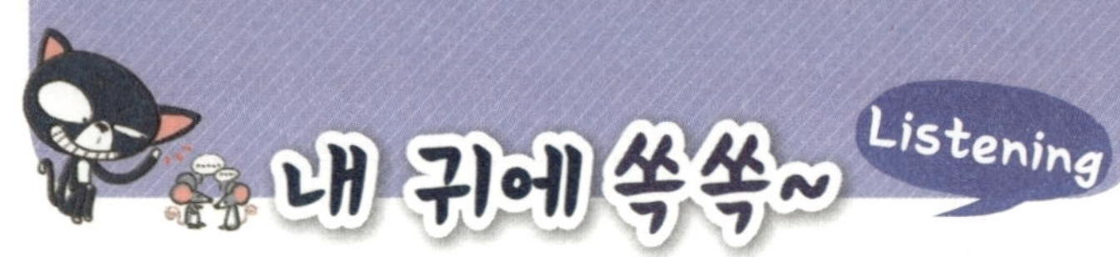

01 다음을 듣고 해당하는 번호를 각각 고르세요.

예	❶	❷	❸	❹	❺
B / 6	/	/	/	/	/

풀이 노트 01

예 A: デパートへ 行きませんか。 백화점에 가지 않겠습니까?

B: いいですね。何を しに 行きましょうか。 좋아요.무엇을 하러 갈까요?

A: ケーキを 食べに 行きましょう。 케이크를 먹으러 갑시다.

정답 : B / 6

① A: 図書館に 行きませんか。 도서관에 가지 않겠습니까?

B: いいですね。何を しに 行きましょうか。 좋아요.무엇을 하러 갈까요?

A: 日本の雑誌を 読みに 行きましょう。 일본 잡지를 읽으러 갑시다.

정답 : C / 7

② A: 公園へ 行きませんか。 공원에 가지 않겠습니까?

B: いいですね。何を しに 行きましょうか。 좋아요.무엇을 하러 갈까요?

A: 遊びに 行きましょう。 놀러 갑시다.

정답 : A / 3

③ A: 図書館に 行きませんか。 도서관에 가지 않겠습니까?

B: いいですね。何を しに 行きましょうか。 좋아요.무엇을 하러 갈까요?

A: 先生に 会いに 行きましょう。 선생님을 만나러 갑시다.

정답 : C / 1

④ A: デパートへ 行きませんか。 백화점에 가지 않겠습니까?

B: いいですね。何を しに 行きましょうか。 좋아요.무엇을 하러 갈까요?

A: 買い物に 行きましょう。 쇼핑하러 갑시다.

정답 : B / 5

⑤ A: 公園へ 行きませんか。 공원에 가지 않겠습니까?

B: いいですね。何を しに 行きましょうか。 좋아요.무엇을 하러 갈까요?

A: 散歩に 行きましょう。 산책하러 갑시다.

정답 : A / 8

□ デパート 백화점
□ 行く 가다
□ 何 무엇
□ する 하다
□ ケーキ 케이크
□ 食べる 먹다
□ 図書館 도서관
□ 日本 일본
□ 雑誌 잡지
□ 読む 읽다
□ 公園 공원
□ 遊ぶ 놀다
□ 先生 선생님
□ 会う 만나다
□ 買い物 쇼핑
□ 散歩 산책

어휘

01 다음 단어의 의미를 써 보세요. (1문제 4점)

① 作る

② 帰る

③ 休む

④ 運動

⑤ 宿題

02 다음 단어를 일본어로 써 보세요. (1문제 4점)

① 수영하다

② 들어가다

③ 일어나다

④ 함께(같이)

⑤ 쇼핑

01 다음 문장을 한국어로 해석해 보세요. (1문제 3점)

① 昨日は 友だちと 公園へ 散歩に 行きました。

② どんな 映画を 見ましょうか。

③ 明日、一緒に お酒を 飲みませんか。

02 다음 문장을 일본어로 만들어 보세요. (1문제 5점)

① 학교 앞에서 4시에 만납시다.

② 일본에 여행하러 갈까요?

③ 내일, 함께 밥 먹으러 가지 않겠습니까?

01 다음 단어를 듣고 받아 써 보세요. (1문제 3점)

①　　②　　③

④　　⑤　　⑥

02 다음 문장을 듣고 받아 써 보세요. (1문제 6점)

①

②

③

어휘

01 다음 단어의 의미를 써 보세요.
(1문제 4점)

① 作る

② 帰る

③ 休む

④ 運動

⑤ 宿題

02 다음 단어를 일본어로 써 보세요.
(1문제 4점)

① 수영하다

② 들어가다

③ 일어나다

④ 함께(같이)

⑤ 쇼핑

어휘 01

① 만들다 【한자】作る
☞ 이 문제를 틀렸을 경우에는 P.61를 다시 한번 확인 학습해 주세요.

② (집에) 돌아가다 【한자】帰る
☞ 이 문제를 틀렸을 경우에는 P.70를 다시 한번 확인 학습해 주세요.

③ 쉬다 【한자】休む
☞ 이 문제를 틀렸을 경우에는 P.70를 다시 한번 확인 학습해 주세요.

④ 운동 【한자】運動
☞ 이 문제를 틀렸을 경우에는 P.70를 다시 한번 확인 학습해 주세요.

⑤ 숙제 【한자】宿題
☞ 이 문제를 틀렸을 경우에는 P.73를 다시 한번 확인 학습해 주세요.

어휘 02

① 泳ぐ
☞ 이 문제를 틀렸을 경우에는 P.73를 다시 한번 확인 학습해 주세요.

② 入る
☞ 이 문제를 틀렸을 경우에는 P.36를 다시 한번 확인 학습해 주세요.

③ 起きる
☞ 이 문제를 틀렸을 경우에는 P.37를 다시 한번 확인 학습해 주세요.

④ 一緒に
☞ 이 문제를 틀렸을 경우에는 P.70를 다시 한번 확인 학습해 주세요.

⑤ 買い物
☞ 이 문제를 틀렸을 경우에는 P.75를 다시 한번 확인 학습해 주세요.

쓰기

01 다음 문장을 한국어로 해석해 보세요.
(1문제 3점)

① 昨日は 友だちと 公園へ 散歩に 行きました。

____

② どんな 映画を 見ましょうか。

____

③ 明日、一緒に お酒を 飲みませんか。

____

02 다음 문장을 일본어로 만들어 보세요.
(1문제 5점)

① 학교 앞에서 4시에 만납시다.

____

② 일본에 여행하러 갈까요?

____

③ 내일, 함께 밥 먹으러 가지 않겠습니까?

____

듣기

01 다음 단어를 듣고 받아 써 보세요. (1문제 3점)

①	②
③	④
⑤	⑥

02 다음 문장을 듣고 받아 써 보세요.
(1문제 6점)

①

②

③

쓰기 01

① 어제는 친구와 공원에 산책하러 갔습니다.
☞ 이 문제를 틀렸을 경우에는 P.75~77를 다시 한번 확인 학습해 주세요.

② 어떤 영화를 볼까요?
☞ 이 문제를 틀렸을 경우에는 P.77를 다시 한번 확인 학습해 주세요.

③ 내일, 함께 술 마시지 않겠습니까?
☞ 이 문제를 틀렸을 경우에는 P.77를 다시 한번 확인 학습해 주세요.

쓰기 02

① 学校の 前で 4時に 会いましょう。
☞ 이 문제를 틀렸을 경우에는 P.71를 다시 한번 확인 학습해 주세요.

② 日本へ 旅行に 行きましょうか。
☞ 이 문제를 틀렸을 경우에는 P.77를 다시 한번 확인 학습해 주세요.

③ 明日、一緒に ごはんを 食べに 行きませんか。
☞ 이 문제를 틀렸을 경우에는 P.77를 다시 한번 확인 학습해 주세요.

듣기 01

① どこ 〔뜻〕 어디
☞ 이 문제를 틀렸을 경우에는 P.75를 다시 한번 확인 학습해 주세요.

② うんどう 〔뜻〕 운동 〔한자〕 運動
☞ 이 문제를 틀렸을 경우에는 P.70를 다시 한번 확인 학습해 주세요.

③ かんこく 〔뜻〕 한국 〔한자〕 韓国
☞ 이 문제를 틀렸을 경우에는 P.44를 다시 한번 확인 학습해 주세요.

④ こうえん 〔뜻〕 공원 〔한자〕 公園
☞ 이 문제를 틀렸을 경우에는 P.75를 다시 한번 확인 학습해 주세요.

⑤ たんじょうび 〔뜻〕 생일 〔한자〕 誕生日
☞ 이 문제를 틀렸을 경우에는 P.25를 다시 한번 확인 학습해 주세요.

⑥ たいへんだ 〔뜻〕 힘들다 〔한자〕 大変だ
☞ 이 문제를 틀렸을 경우에는 P.29를 다시 한번 확인 학습해 주세요.

듣기 02

① 学校の 前で 4時は どうですか。 학교 앞에서 4시는 어떻습니까?
☞ 이 문제를 틀렸을 경우에는 P.78를 다시 한번 확인 학습해 주세요.

② すみません。宿題が 多いですから ちょっと……。
죄송합니다. 숙제가 많기 때문에 좀…
☞ 이 문제를 틀렸을 경우에는 P.73를 다시 한번 확인 학습해 주세요.

③ 一緒に プールへ 泳ぎに 行きましょう。 함께 수영장에 수영하러 갑시다.
☞ 이 문제를 틀렸을 경우에는 P.77를 다시 한번 확인 학습해 주세요.

unit 05

私も おいしいものが 食べたいです。

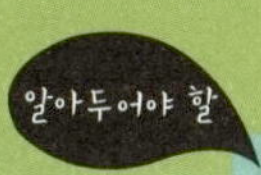

학습사항

□ 歌を 歌いながら、そうじを します。　노래를 부르면서 청소를 합니다.

□ 今日は 早く 寝たいです。　오늘은 일찍 자고싶습니다.

□ 新しい ケータイが ほしいです。　새 휴대폰을 갖고싶습니다.

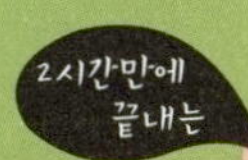

독학 Plan

	학습 항목	학습 시간	학습 체크	학습 메모
1	동영상 또는 오디오 강의 수강	15분	□ 1회　□ 2회　□ 3회	
2	요것만은 꼭꼭 Point (88~89p)	15분	□ 1회　□ 2회　□ 3회	
3	실전처럼 술술 Speaking (90~95p)	15분	□ 1회　□ 2회　□ 3회	
4	회화실력 쑥쑥 Conversation (96~97p)	15분	□ 1회　□ 2회　□ 3회	
5	내 귀에 쏙쏙 Listening (98~99p)	15분	□ 1회　□ 2회　□ 3회	
6	듣고 말하기 훈련용 MP3　S05_02,03,04	15분	□ 1회　□ 2회　□ 3회	
7	5과 필기시험 (100~103p)	30분	□ 50점 미만　□ 51~80점　□ 81~100점	

50점 미만　Unit 전체 1~2회 반복 학습
51점~80점　틀린 부분 다시 학습
81점~100점　다음 Unit 진행 OK~!!

-하면서

01 ます형 + ながら

+ 동시에 두가지 동작을 같이 할 때 사용하는 표현입니다.

+ 뒤쪽의 동사가 주된 동작을 나타냅니다.

歌を 歌いながら、そうじを します。　　　노래를 부르면서 청소를 합니다.

本を 見ながら、レポートを 書きます。　　　책을 보면서 리포트를 씁니다.

ごはんを 食べながら、家族と 話します。　밥을 먹으면서 가족과 이야기를 합니다.

□ 歌 노래
□ 歌う 노래하다
□ そうじ 청소
□ する 하다
□ 本 책
□ 見る 보다
□ レポート 리포트
□ 書く 쓰다
□ ごはん 밥
□ 食べる 먹다
□ 家族 가족
□ 話す 말하다

-을/를 -하고싶다

02 ~が(を) ます형 + たい

+ [~을/를 하고싶다]는 희망표현으로 말하는 사람의 희망을 나타낼 때와 상대방에게 하고 싶은 것을 물을 때 사용합니다.
즉, 1인칭의 긍정, 부정과 2인칭의 질문에만 사용할 수 있습니다.

+ [~을/를]에 해당하는 조사[〜を]대신에 조사[〜が]를 사용할 수 있지만, [〜を]이외의 다른 조사들은 [〜が]로 바꿀 수 없습니다.

+ 동사에 [〜たい]가 붙으면 [い형용사]처럼 활용합니다.

日本で 買い物が(を) したいです。　　　일본에서 쇼핑을 하고 싶습니다.

今日は 早く 寝たいです。　　　오늘은 일찍 자고 싶습니다.

土曜日には 会社に 行きたくありません。　토요일에는 회사에 가고 싶지 않습니다.

□ 日本 일본
□ 買い物 쇼핑
□ 今日 오늘
□ 早く 일찍
□ 寝る 자다
□ 土曜日 토요일
□ 会社 회사
□ 行く 가다

-을/를 갖고 싶다(원하다)

03 ~が ほしい

□ 新しい 새롭다
□ ケータイ 휴대폰
□ ほしい 갖고싶다
□ 恋人 애인
□ 猫 고양이
□ 嫌いだ 싫어하다

✚ 말하는 사람이 물건, 사람, 동물등의 무엇인가를 소유하고 싶다는 욕구를 표현할 때, 또는 상대방에게 질문할 때 사용합니다.

✚ [~을/를]로 해석하지만 조사는 반드시 [〜が]를 사용합니다.

新しい ケータイが ほしいです。　　　　　새 휴대폰을 갖고 싶습니다.

恋人が ほしいです。　　　　　애인을 갖고 싶습니다.

猫は 嫌いだから、ほしくありません。

고양이는 싫어하기 때문에 갖고 싶지 않습니다.

01 다음 예와 같이 말해 보세요.

예 **お酒を 飲む / 友だちと 話す**
A: お酒を 飲みながら、何を しますか。
B: お酒を 飲みながら、友だちと 話します。

❶ **音楽を 聞く / 歌を 歌う**

❷ **お菓子を 食べる / テレビを 見る**

❸ **歩く / 電話を かける**

❹ **地下鉄を 待つ / 単語を 覚える**

❺ **散歩を する / 写真を 撮る**

풀이 노트 01

◎ S05_02

> **예** お酒を 飲む / 友だちと 話す
> A: お酒を 飲みながら、何を しますか。 술을 마시면서, 무엇을 합니까?
> B: お酒を 飲みながら、友だちと 話します。
> 　　　　　　　　　　　　　　　술을 마시면서, 친구와 이야기합니다.

① 音楽を 聞く / 歌を 歌う
A: 音楽を 聞きながら、何を しますか。 음악을 들으면서, 무엇을 합니까?
B: 音楽を 聞きながら、歌を 歌います。 음악을 들으면서, 노래를 부릅니다.

② お菓子を 食べる / テレビを 見る
A: お菓子を 食べながら、何を しますか。 과자를 먹으면서 무엇을 합니까?
B: お菓子を 食べながら、テレビを 見ます。 과자를 먹으면서, 텔레비전을 봅니다.

③ 歩く / 電話を かける
A: 歩きながら、何を しますか。 걸으면서, 무엇을 합니까?
B: 歩きながら、電話を かけます。 걸으면서, 전화를 겁니다.

④ 地下鉄を 待つ / 単語を 覚える
A: 地下鉄を 待ちながら、何を しますか。 지하철을 기다리면서, 무엇을 합니까?
B: 地下鉄を 待ちながら、単語を 覚えます。 지하철을 기다리면서, 단어를 외웁니다.

⑤ 散歩を する / 写真を 撮る
A: 散歩を しながら、何を しますか。 산책을 하면서, 무엇을 합니까?
B: 散歩を しながら、写真を 撮ります。 산책을 하면서, 사진을 찍습니다.

- お酒 술
- 飲む 마시다
- 何 무엇
- 友だち 친구
- 話す 말하다
- 音楽 음악
- 聞く 듣다
- 歌 노래
- 歌う 노래하다
- お菓子 과자
- 食べる 먹다
- テレビ 텔레비전
- 見る 보다
- 歩く 걷다
- 電話 전화
- かける 걸다
- 地下鉄 지하철
- 待つ 기다리다
- 単語 단어
- 覚える 외우다
- 散歩 산책
- する 하다
- 写真 사진
- 撮る 찍다

예 **お酒を 飲む / 何を 飲む / 冷たい ビール**
A: 今、何が(を) したいですか。
B: お酒が(を) 飲みたいです。
A: 何が(を) 飲みたいですか。
B: 冷たい ビールが(を) 飲みたいです。

❶ 買い物を する / 何を 買う / パソコン 

❷ 料理を 習う / どんな 料理を 習う / おいしい 日本料理 

❸ 泳ぐ / どこで 泳ぐ / 海 

❹ 映画を 見る / 誰と 見る / 恋人 

❺ 旅行に 行く / いつ 行く / 来月 

풀이 노트 02

◎ S05_03

예 お酒を 飲む / 何を 飲む / 冷たい ビール

A: 今、何が(を) したいですか。 지금, 무엇을 하고 싶습니까?

B: お酒が(を) 飲みたいです。 술을 마시고 싶습니다.

A: 何が(を) 飲みたいですか。 무엇을 마시고 싶습니까?

B: 冷たい ビールが(を) 飲みたいです。 차가운 맥주를 마시고 싶습니다.

---

① 買い物を する / 何を 買う / パソコン

A: 今、何が(を) したいですか。 지금, 무엇을 하고 싶습니까?

B: 買い物が(を) したいです。 쇼핑을 하고 싶습니다.

A: 何が(を) 買いたいですか。 무엇을 사고 싶습니까?

B: パソコンが(を) 買いたいです。 컴퓨터를 사고 싶습니다.

② 料理を 習う / どんな 料理を 習う / おいしい 日本料理

A: 今、何が(を) したいですか。 지금, 무엇을 하고 싶습니까?

B: 料理が(を) 習いたいです。 요리를 배우고 싶습니다.

A: どんな 料理が(を) 習いたいですか。 어떤 요리를 배우고 싶습니까?

B: おいしい 日本料理が(を) 習いたいです。 맛있는 일본요리를 배우고 싶습니다.

③ 泳ぐ / どこで 泳ぐ / 海で 泳ぐ

A: 今、何が(を) したいですか。 지금, 무엇을 하고 싶습니까?

B: 泳ぎたいです。 수영하고 싶습니다.

A: どこで 泳ぎたいですか。 어디에서 수영하고 싶습니까?

B: 海で 泳ぎたいです。 바다에서 수영하고 싶습니다.

④ 映画を 見る / 誰と 見る / 恋人

A: 今、何が(を) したいですか。 지금, 무엇을 하고 싶습니까?

B: 映画が(を) 見たいです。 영화를 보고 싶습니다.

A: 誰と 見たいですか。 누구와 보고 싶습니까?

B: 恋人と 見たいです。 애인하고 보고 싶습니다.

⑤ 旅行に 行く / いつ 行く / 来月

A: 今、何が(を) したいですか。 지금, 무엇을 하고 싶습니까?

B: 旅行に 行きたいです。 여행을 가고 싶습니다.

A: いつ 行きたいですか。 언제 가고 싶습니까?

B: 来月 行きたいです。 다음 달에 가고 싶습니다.

단어

- □ お酒 술
- □ 何 무엇
- □ 飲む 마시다
- □ 冷たい 차갑다
- □ ビール 맥주
- □ 今 지금
- □ 買い物 쇼핑
- □ する 하다
- □ 買う 사다
- □ パソコン 컴퓨터
- □ 料理 요리
- □ 習う 배우다
- □ どんな 어떤
- □ おいしい 맛있다
- □ 日本料理 일본요리
- □ 泳ぐ 헤엄치다
- □ どこ 어디
- □ 海 바다
- □ 映画 영화
- □ 見る 보다
- □ 誰 누구
- □ 恋人 애인
- □ 旅行 여행
- □ いつ 언제
- □ 来月 다음 달

03 다음 <예>와 같이 말해 보세요.

예 新しい 車 / 今の車が 古い

A: 今、何が ほしいですか。
B: 新しい 車が ほしいです。
A: どうしてですか。
B: 今の車が 古いからです。

❶ 犬 / 犬は かわいい

❷ 休み / 仕事が 大変だ

❸ ケータイ / 今のケータイが 不便だ

❹ お金 / 留学する

❺ 日本人の友だち / 日本語で 話したい

풀이 노트 03

◎ S05_04

예 新しい 車 / 今の車が 古い
A: 今、何が ほしいですか。 지금, 무엇을 갖고 싶습니까?
B: 新しい 車が ほしいです。 새로운 차를 갖고 싶습니다.
A: どうしてですか。 어째서입니까?
B: 今の車が 古いからです。 지금 차가 낡았기 때문입니다.

① 犬 / 犬は かわいい
A: 今、何が ほしいですか。 지금, 무엇을 갖고 싶습니까?
B: 犬が ほしいです。 개를 갖고 싶습니다.
A: どうしてですか。 어째서입니까?
B: 犬は かわいいからです。 개는 귀엽기 때문입니다.

② 休み / 仕事が 大変だ
A: 今、何が ほしいですか。 지금, 무엇을 갖고 싶습니까?
B: 休みが ほしいです。 휴가를 갖고 싶습니다.
A: どうしてですか。 어째서입니까?
B: 仕事が 大変だからです。 일이 힘들기 때문입니다.

③ ケータイ / 今のケータイが 不便だ
A: 今、何が ほしいですか。 지금, 무엇을 갖고 싶습니까?
B: ケータイが ほしいです。 휴대폰을 갖고 싶습니다.
A: どうしてですか。 어째서입니까?
B: 今のケータイが 不便だからです。 지금 휴대폰이 불편하기 때문입니다.

④ お金 / 留学する
A: 今、何が ほしいですか。 지금, 무엇을 갖고 싶습니까?
B: お金が ほしいです。 돈을 갖고 싶습니다.
A: どうしてですか。 어째서입니까?
B: 留学するからです。 유학가기 때문입니다.

④ 日本人の友だち / 日本語で 話したい
A: 今、何が ほしいですか。 지금, 무엇을 갖고 싶습니까?
B: 日本人の友だちが ほしいです。 일본인 친구를 갖고 싶습니다.
A: どうしてですか。 어째서입니까?
B: 日本語で 話したいからです。 일본어로 이야기하고 싶기 때문입니다.

□ 新しい 새롭다
□ 車 차
□ 今 지금
□ 古い 낡다, 오래되다
□ どうして 왜, 어째서
□ 犬 개
□ かわいい 귀엽다
□ 休み 휴일 / 휴가
□ 仕事 일
□ 大変だ 힘들다
□ ケータイ 휴대폰
□ 不便だ 불편하다
□ お金 돈
□ 留学する 유학하다
□ 日本人 일본인
□ 友だち 친구
□ 日本語 일본어
□ 話す 이야기하다

Track 14

キム　昨日は　何を　しましたか。

山田　友だちと　晩ごはんを　食べながら、おしゃべりを　しました。

とても　楽しかったですよ。

キム　いいですね。私も　おいしいものが　食べたいです。

山田　じゃあ、今日　一緒に　行きませんか。

いい　店が　ありますから。

キム　本当に　行きたいですが、今日も　仕事が　多くて……。

山田　今日は　土曜日ですよ。今日も　会社に　行きますか。

キム　はい、最近　とても　忙しくて、土曜日も　仕事が　あります。

私も　休みが　ほしいです。

김민수	어제는 무엇을 했습니까?
야마다	친구와 저녁을 먹으면서, 수다를 떨었습니다. 아주 즐거웠습니다.
김민수	좋네요. 나도 맛있는 것이 먹고 싶습니다.
야마다	그러면, 오늘 함께 가지 않을래요? 좋은 가게가 있으니까.
김민수	정말로 가고 싶습니다만, 오늘도 일이 많아서……
야마다	오늘은 토요일이에요. 오늘도 회사에 갑니까?
김민수	예, 요즘 아주 바빠서, 토요일도 일이 있습니다. 나도 휴가를 갖고 싶습니다.

어휘표현

□ 晩ごはん 저녁밥　　□ おしゃべりを する 수다를 떨다　　□ おいしいもの 맛있는 것　　□ じゃあ 그러면

□ 店 가게　　□ ある 있다　　□ 本当に 정말로　　□ 最近 최근　　□ 休み 휴일, 휴가　　□ 〜が ほしい ~을(를) 갖고싶다(원한다)

독학! Plus+

01 ～ます형 정리

～ます／～ません	~합니다 / ~하지 않습니다
～ました／～ませんでした	~했습니다 / ~하지 않았습니다
～ませんか	~하지 않겠습니까?
～ましょう	~합시다
～ましょうか	~할까요?
～ます형＋に	~하러 (목적의 표현)
～ます형＋ながら	~하면서 (동시 동작표현)
～ます형＋たい	~하고 싶다 (희망표현)

02 ～ます형 ＋ 方 (~하는 법)

◆ 勉強を します (공부를 합니다) ＋ 方 (방법) … 勉強の し方 (공부하는 법)
読み方 (읽는 법) 作り方 (만드는 법) 書き方 (쓰는 법) 使い方 (사용법) 食べ方 (먹는 법)

03 주의해야 할 일본한자 (2)

① 冷 : 冷たい(차갑다)、冷麺(냉면)   ② 習 : 習う(배우다)、練習(연습)

앞의 부수를 "물 수"(冫)로 쓰지
않도록 주의해야 합니다.

한국한자 (習)와 비슷해보이지만
모양이 다르기 때문에 주의해야
합니다.

◉ Track 15

01 다음을 듣고 맞는 것에 O표를 하세요.

	a	b
예		 O
❶		
❷		
❸		
❹		

풀이 노트 01

예
A: 今、何が したいですか。 지금, 무엇이 하고 싶습니까?
B: お菓子を 食べながら、テレビが 見たいです。

과자를 먹으면서, 텔레비전을 보고 싶습니다.

정답 : b

① A: 今、何が したいですか。 지금, 무엇이 하고 싶습니까?
B: お酒を 飲みながら、友だちと 話したいです。

술을 마시면서, 친구와 이야기하고 싶습니다.

정답 : a

② A: 今、何が したいですか。 지금, 무엇이 하고 싶습니까?
B: 音楽を 聞きながら、ゆっくり 休みたいです。

음악을 들으면서, 느긋하게 쉬고 싶습니다.

정답 : b

③ A: 今、何が したいですか。 지금, 무엇이 하고 싶습니까?
B: 散歩しながら、写真が 撮りたいです。

산책하면서, 사진을 찍고 싶습니다.

정답 : a

④ A: 今、何が したいですか。 지금, 무엇이 하고 싶습니까?
B: 恋人と 話しながら、ごはんが 食べたいです。

애인과 이야기하면서, 밥을 먹고 싶습니다.

정답 : a

□ 今 지금
□ 何 무엇
□ する 하다
□ お菓子 과자
□ 食べる 먹다
□ テレビ 텔레비전
□ 見る 보다
□ お酒 술
□ 飲む 마시다
□ 友だち 친구
□ 話す 이야기하다
□ 音楽 음악
□ 聞く 듣다
□ ゆっくり 느긋하게, 천천히
□ 休む 쉬다
□ 散歩する 산책하다
□ 写真 사진
□ 撮る 찍다
□ 恋人 애인
□ ごはん 밥

unit 05 필기시험

☐ 1회 점수 : / 100
☐ 2회 점수 : / 100
☐ 3회 점수 : / 100

어휘

01 다음 단어의 의미를 써 보세요. (1문제 4점)

① 習う

② 切る

③ 覚える

④ かける

⑤ 撮る

02 다음 단어를 일본어로 써 보세요. (1문제 4점)

① 걷다

② 만나다

③ 사다

④ 읽다

⑤ 단어

01 다음 문장을 한국어로 해석해 보세요. (1문제 3점)

① 今の 車が 古いから、新しい 車が ほしいです。

____

② 今日は いい 天気ですから、音楽を 聞きながら 散歩したいです。

____

③ 土曜日は 会社に 行きたくありません。

____

02 다음 문장을 일본어로 만들어 보세요. (1문제 5점)

① 지하철을 기다리면서 단어를 외웁니다.

____

② 오늘은 일찍 자고 싶습니다.

____

③ 일본어로 말하고 싶기 때문에, 일본인 친구를 갖고 싶습니다.

____

◎ Test 05

01 다음 단어를 듣고 받아 써 보세요. (1문제 3점)

① 　② 　③

④ 　⑤ 　⑥

02 다음 문장을 듣고 받아 써 보세요. (1문제 6점)

① ______________________________________

② ______________________________________

③ ______________________________________

01 다음 단어의 의미를 써 보세요.
(1문제 2점)

① 習う

② 切る

③ 覚える

④ かける

⑤ 撮る

02 다음 단어를 일본어로 써 보세요.
(1문제 2점)

① 걷다

② 만나다

③ 사다

④ 읽다

⑤ 단어

어휘 **01**

① 배우다 【한자】習_{なら}う
☞ 이 문제를 틀렸을 경우에는 P.93를 다시 한번 확인 학습해 주세요.

② 자르다 【한자】切_きる
☞ 이 문제를 틀렸을 경우에는 P.36를 다시 한번 확인 학습해 주세요.

③ 외우다/기억하다 【한자】覚_{おぼ}える
☞ 이 문제를 틀렸을 경우에는 P.91를 다시 한번 확인 학습해 주세요.

④ 걸다
☞ 이 문제를 틀렸을 경우에는 P.91를 다시 한번 확인 학습해 주세요.

⑤ (사진을) 찍다 【한자】撮_とる
☞ 이 문제를 틀렸을 경우에는 P.91를 다시 한번 확인 학습해 주세요.

어휘 **02**

① 歩_{ある}く
☞ 이 문제를 틀렸을 경우에는 P.91를 다시 한번 확인 학습해 주세요.

② 会_あう
☞ 이 문제를 틀렸을 경우에는 P.71를 다시 한번 확인 학습해 주세요.

③ 買_かう
☞ 이 문제를 틀렸을 경우에는 P.93를 다시 한번 확인 학습해 주세요.

④ 読_よむ
☞ 이 문제를 틀렸을 경우에는 P.45를 다시 한번 확인 학습해 주세요.

⑤ 単語_{たんご}
☞ 이 문제를 틀렸을 경우에는 P.91를 다시 한번 확인 학습해 주세요.

01 다음 문장을 한국어로 해석해 보세요.
(1문제 3점)

① 今の 車が 古いから、新しい 車が
ほしいです。

____

② 今日は いい 天気ですから、
音楽を 聞きながら 散歩したいです。

____

③ 土曜日は 会社に 行きたくありません。

____

02 다음 문장을 일본어로 만들어 보세요.
(1문제 5점)

① 지하철을 기다리면서 단어를 외웁니다.

____

② 오늘은 일찍 자고 싶습니다.

____

③ 일본어로 말하고 싶기 때문에, 일본인 친구를
갖고 싶습니다.

____

듣기

01 다음 단어를 듣고 받아 써 보세요. (1문제 3점)

① [   ]   ② [   ]

③ [   ]   ④ [   ]

⑤ [   ]   ⑥ [   ]

02 다음 문장을 듣고 받아 써 보세요.
(1문제 6점)

① ____________________________

② ____________________________

③ ____________________________

쓰기 01

① 지금 차가 낡았기 때문에, 새차를 갖고 싶습니다(원합니다).
☞ 이 문제를 틀렸을 경우에는 P.95를 다시 한번 확인 학습해 주세요.

② 오늘은 좋은 날씨라서, 음악을 들으면서 산책하고 싶습니다.
☞ 이 문제를 틀렸을 경우에는 P.91를 다시 한번 확인 학습해 주세요.

③ 토요일은 회사에 가고 싶지 않습니다.
☞ 이 문제를 틀렸을 경우에는 P.88를 다시 한번 확인 학습해 주세요.

쓰기 02

① 地下鉄を 待ちながら、単語を 覚えます。
☞ 이 문제를 틀렸을 경우에는 P.97를 다시 한번 확인 학습해 주세요.

② 今日は 早く 寝たいです。
☞ 이 문제를 틀렸을 경우에는 P.88를 다시 한번 확인 학습해 주세요.

③ 日本語で 話したいですから、日本人の 友だちが
ほしいです。
☞ 이 문제를 틀렸을 경우에는 P.88~89를 다시 한번 확인 학습해 주세요.

듣기 01

① だれ   [뜻] 누구 [한자] 誰
☞ 이 문제를 틀렸을 경우에는 P.93를 다시 한번 확인 학습해 주세요.

② そうじ   [뜻] 청소
☞ 이 문제를 틀렸을 경우에는 P.87를 다시 한번 확인 학습해 주세요.

③ たんご   [뜻] 단어 [한자] 単語
☞ 이 문제를 틀렸을 경우에는 P.91를 다시 한번 확인 학습해 주세요.

④ ほんとうに   [뜻] 정말로 [한자] 本当に
☞ 이 문제를 틀렸을 경우에는 P.66를 다시 한번 확인 학습해 주세요.

⑤ どうして   [뜻] 왜/어째서
☞ 이 문제를 틀렸을 경우에는 P.57를 다시 한번 확인 학습해 주세요.

⑥ りゅうがくする   [뜻] 유학하다 / 유학 가다 [한자] 留学する
☞ 이 문제를 틀렸을 경우에는 P.95를 다시 한번 확인 학습해 주세요.

듣기 02

① 晩ごはんを 食べながら、おしゃべりを しました。
저녁 밥을 먹으면서, 수다를 떨었습니다.
☞ 이 문제를 틀렸을 경우에는 P.96를 다시 한번 확인 학습해 주세요.

② どこで 泳ぎたいですか 어디에서 수영하고 싶습니까?
☞ 이 문제를 틀렸을 경우에는 P.93를 다시 한번 확인 학습해 주세요.

③ 仕事が 大変だから、休みが ほしいです。
일이 힘들기 때문에 휴일이 갖고 싶습니다.
☞ 이 문제를 틀렸을 경우에는 P.96를 다시 한번 확인 학습해 주세요.

unit 06

３つ目の駅で 降りて ください。

- ☐ **て형** 익히기
- ☐ **日本語で 話して ください。** 일본어로 이야기해 주세요.

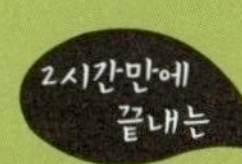

	학습 항목	학습 시간	학습 체크			학습 메모
1	동영상 또는 오디오 강의 수강	15분	☐1회	☐2회 ☐3회		
2	요것만은 꼭꼭 Point (106~107p)	15분	☐1회	☐2회 ☐3회		
3	실전처럼 술술 Speaking (108~111p)	15분	☐1회	☐2회 ☐3회		
4	회화실력 쑥쑥 Conversation (112~113p)	15분	☐1회	☐2회 ☐3회		
5	내 귀에 쏙쏙 Listening (114~115p)	15분	☐1회	☐2회 ☐3회		
6	듣고 말하기 훈련용 MP3 ◉ S06_02, 03	15분	☐1회	☐2회 ☐3회		
7	6과 필기시험 (118~121p)	30분	☐50점 미만	☐51~80점 ☐81~100점		

50점 미만 Unit 전체 1~2회 반복 학습
51점~80점 틀린 부분 다시 학습
81점~100점 다음 Unit 진행 OK~!!

-하고, -해서

01 て형

+ [て형]은 [~하고/~해서]의 의미로 동사와 동사를 연결할 뿐 아니라, 뒤에 따라오는 형태에 따라 여러가지 용법을 가진 매우 중요한 활용이기 때문에 반드시 외워야만 합니다.

+ 동사 [行く]는 1그룹동사지만 예외적으로 변화하기 때문에 주의해야 합니다.

□ 書く 쓰다
□ 急ぐ 서두르다
□ 貸す 빌려주다
□ 買う 사다
□ 待つ 기다리다
□ 取る 잡다, 집다
□ 死ぬ 죽다
□ 読む 읽다
□ 遊ぶ 놀다
□ 行く 가다
□ 見る 보다
□ 食べる 먹다
□ 来る 오다
□ する 하다

		기본형	て형
1그룹동사	く ➡ いて	書く	書いて
	ぐ ➡ いで	急ぐ	急いで
	す ➡ して	貸す	貸して
	う、つ、る ➡ って	買う	買って
		待つ	待って
		取る	取って
	ぬ、ぶ、む ➡ んで	死ぬ	死んで
		読む	読んで
		遊ぶ	遊んで
	예외	行く	行って
2그룹동사	る + て	見る	見て
		食べる	食べて
3그룹동사		来る	来て
		する	して

-해주세요, -하세요

02 ~て ください

□ 今日 오늘

□ ゆっくり
느긋하게, 천천히

□ 休む 쉬다

□ 本 책

□ 見せる 보여주다

□ 明日 내일

□ 電話 전화

✚ 동사의 [て형]에 [주세요]의 [ください]를 붙여서 [~해 주세요]의 의미로 다른 사람에게
권유하거나 부탁하는 표현입니다,

✚ 가까운 친구나 아랫사람, 가족 등에게는 [ください]를 생략한 [て형]만으로도 부탁의
표현을 할 수 있습니다.

今日は ゆっくり 休んで ください。 　　　　　오늘은 푹 쉬세요.

本を 見せて ください。 　　　　　책을 보여주세요.

明日、電話して ください。 　　　　　내일 전화해 주세요.

01 다음 예와 같이 말해 보세요.

예　**ちょっと 待<ruby>ま</ruby>つ**

A: ちょっと 待<ruby>ま</ruby>って。
B: うん、いいよ。
　　えー、いやだ。

❶ ケータイ、貸<ruby>か</ruby>す

❷ ごはん、おごる

❸ あれ、取<ruby>と</ruby>る

❹ パン、買<ruby>か</ruby>って来<ruby>く</ruby>る

❺ 仕事<ruby>しごと</ruby>、手伝<ruby>てつだ</ruby>う

풀이 노트 01

◎ S06_02

예 ちょっと 待^まつ
A: ちょっと 待って。 잠깐 기다려.
B: うん、いいよ。 응, 좋아.
　　えー、いやだ。 에~, 싫어.

□ ちょっと 잠깐, 조금
□ 待つ 기다리다
□ いい 좋다
□ いやだ 싫다
□ ケータイ 휴대폰
□ 貸す 빌려주다
□ ごはん 밥
□ おごる 사주다, 한턱 내다
□ あれ 저것
□ 取る 잡다, 집다
□ パン 빵
□ 買って来る 사 오다
□ 仕事 일
□ 手伝う 돕다

① ケータイ / 貸す
　A: ケータイ、貸して。 휴대폰, 빌려줘.
　B: うん、いいよ。 응, 좋아.
　　えー、いやだ。 에~, 싫어.

② ごはん / おごる
　A: ごはん、おごって。 밥, 사줘.
　B: うん、いいよ。 응, 좋아.
　　えー、いやだ。 에~, 싫어.

③ あれ / 取る
　A: あれ、取って。 저거, 집어 줘.
　B: うん、いいよ。 응, 좋아.
　　えー、いやだ。 에~, 싫어.

④ パン / 買って来る
　A: パン、買って来て。 빵, 사와.
　B: うん、いいよ。 응, 좋아.
　　えー、いやだ。 에~, 싫어.

⑤ 仕事 / 手伝う
　A: 仕事、手伝って。 일, 도와 줘.
　B: うん、いいよ。 응, 좋아.
　　えー、いやだ。 에~, 싫어.

예 **明日、6時に 起きる**

A: 明日、6時に 起きて ください。

B: はい、わかりました。明日、6時に 起きます。

❶ **漢字で 書く**

❷ **早く 帰る**

❸ **日本語で 話す**

❹ **単語を 覚える**

❺ **毎日 運動する**

풀이 노트 02

◎ S06_03

예 明日 / 6時に 起きる
A: 明日、6時に 起きて ください。 내일, 6시에 일어나 주세요.
B: はい、わかりました。 네, 알겠습니다.
　 明日、6時に 起きます。 내일, 6시에 일어나겠습니다.

□ 明日 내일
□ 起きる 일어나다
□ わかる 알다
□ 漢字 한자
□ 書く 쓰다
□ 早く 일찍
□ 帰る 돌아가다
□ 日本語 일본어
□ 話す 이야기하다
□ 単語 단어
□ 覚える 외우다
□ 毎日 매일
□ 運動する 운동하다

① 漢字で 書く
A: 漢字で 書いて ください。 한자로 써 주세요.
B: はい、わかりました。 네, 알겠습니다.
　 漢字で 書きます。 한자로 쓰겠습니다.

② 早く 帰る
A: 早く 帰って ください。 일찍 돌아가 주세요.
B: はい、わかりました。 네, 알겠습니다.
　 早く 帰ります。 일찍 돌아가겠습니다.

③ 日本語で 話す
A: 日本語で 話して ください。 일본어로 이야기해 주세요.
B: はい、わかりました。 네, 알겠습니다.
　 日本語で 話します。 일본어로 이야기하겠습니다.

④ 単語を 覚える
A: 単語を 覚えて ください。 단어를 외워 주세요.
B: はい、わかりました。 네, 알겠습니다.
　 単語を 覚えます。 단어를 외우겠습니다.

⑤ 毎日 運動する
A: 毎日 運動して ください。 매일 운동해 주세요.
B: はい、わかりました。 네, 알겠습니다.
　 毎日 運動します。 매일 운동하겠습니다.

Track 17

山田　キムさん。今週の　土曜日、時間が　ありますか。

キム　はい、暇ですよ。どうしてですか。

山田　土曜日の　3時から、私の　うちで　誕生日パーティーを　します。

　　　キムさんも　遊びに　来て　ください。

キム　ありがとうございます。

　　　山田さんの　うちには　どうやって　行きますか。

山田　大学の　そばに　あります。2号線の　地下鉄に　乗って、

　　　3つ目の　駅で　降りて　くださいね。

　　　それから、駅で　電話してください。

キム　はい、わかりました。楽しみですね。

야마다	김민수 씨, 이번 주 토요일, 시간이 있나요?
김민수	예, 한가합니다. 왜요?
야마다	토요일 3시부터 우리 집에서 생일 파티를 합니다. 김민수 씨도 놀러 오세요.
김민수	감사합니다. 야마다 씨의 집에는 어떻게 갑니까?
야마다	대학교 옆에 있어요. 2호선 지하철을 타고, 3번째 역에서 내리세요. 그리고 나서 역에서 전화하세요.
김민수	예, 알겠습니다. 기대되네요.

어휘표현

☐ **今週** 이번 주　　**時間** 시간　　**誕生日パーティー** 생일 파티　　☐ **どうやって** 어떻게　　**大学** 대학
☐ **そば** 옆　　**～号線** ~호선　　**～目** ~째　　**駅** 역　　**降りる** 내리다　　☐ **それから** 그리고　　**わかる** 알다
☐ **楽しみです** 기대됩니다

01 ～目

[~째]라는 의미로 숫자 뒤에 붙어서 순서를 나타낼 때 사용됩니다.

～つ目	**1つ目** 첫 번째	**2つ目** 두 번째	**3つ目** 세 번째
～日目	**1日目** 1일째	**2日目** 2일째	**3日目** 3일째
～人目	**1人目** 첫 번째 사람	**2人目** 두 번째 사람	**3 人目** 세 번째 사람
～回目	**1回目** 1회째	**2回目** 2회째	**3 回目** 3회째

02 どうやって

[어떻게]라는 의미의 [どうやって]는 길이나 방법등을 물을 때 사용합니다.

① A : 山田さんの うちには どうやって 行きますか。(야마다씨의 집에는 어떻게 갑니까?)

   B : 2号線の 地下鉄に 乗って、3つ目の 駅で 降りて ください。

     (2호선 지하철을 타고 3번째 역에서 내리세요)

② A : この 料理は どうやって 食べますか。(이 요리는 어떻게 먹습니까?)

◎ **Track 18**

01 다음을 듣고 그림에서 해당하는 번호를 고르세요.

예	❶	❷	❸	❹	❺	❻
f						

ⓐ	ⓑ	ⓒ	ⓓ

ⓔ	ⓕ	ⓖ	ⓗ

풀이 노트 01

예 A: コーヒーを 飲んで ください。 커피를 마시세요. (커피 드세요)
B: いただきます。 잘 먹겠습니다.

정답 : f

① A: 毎日 運動を して ください。 매일 운동을 하세요.
B: それは ちょっと 忙しくて……。 그건 좀 바빠서요…

정답 : d

② A: ちょっと 待って。 잠깐 기다려.
B: うん、いいよ。 응, 좋아. (알았어)

정답 : a

③ A: 先生に 電話を かけて ください。 선생님에게 전화를 걸어 주세요.
B: はい、わかりました。 예, 알겠습니다.

정답 : g

④ A: ケータイを 貸して ください。 휴대폰을 빌려 주세요.
B: ええ、いいですよ。 예, 좋아요.

정답 : b

⑤ A: これ、食べて。 이거, 먹어.
B: うん、ありがとう。 응, 고마워.

정답 : e

⑥ A: 単語を 覚えて ください。 단어를 외우세요.
B: はい、わかりました。 예, 알겠습니다.

정답 : h

□ コーヒー 커피
□ 飲む 마시다
□ 毎日 매일
□ 運動 운동
□ それ 그것
□ ちょっと 조금, 잠깐
□ 忙しい 바쁘다
□ 待つ 기다리다
□ 先生 선생님
□ 電話 전화
□ かける 걸다
□ わかる 알다
□ ケータイ 휴대폰
□ 貸す 빌리다
□ これ 이것
□ 食べる 먹다
□ 単語 단어
□ 覚える 외우다

はじめまして。私は 田中みほです。20歳で、大学 1年生です。

韓国で 韓国語を 勉強中です。

韓国が 大好きですから、韓国の ドラマを よく 見ます。

それから、韓国の アイドルも 好きで、今 歌も 練習中です。

でも、韓国語が あまり 上手じゃありませんから、

まだ 難しいです。

私は 韓国語が もっと 勉強したいです。

韓国人の友だちが いませんから、友だちが ほしいです。

韓国人のみなさん、私と 日本語と 韓国語で 話しませんか。

一緒に 電話で 話しながら、勉強しましょう。

下の 電話番号に 電話して ください。よろしく お願いします。

☎ 010-2345-6789

★ 위의 내용과 맞으면 O표, 틀리면 X표를 하세요.

❶ 田中さんは 韓国の ドラマは 好きですが、歌は 好きじゃありません。（　　）

❷ 田中さんは 韓国人の 友だちが 少しいます。（　　）

❸ 田中さんは 韓国人の 友だちが ほしいですから、これを 書きました。（　　）

はじめまして 처음 뵙겠습니다	20歳 스무살	～年生 ～학년	勉強中 공부 중
練習中 연습 중　まだ 아직	もっと 좀 더	いる 있다　～がほしい ～을/를 원한다(갖고 싶다)	
みなさん 여러분　下 아래	電話番号 전화번호	よろしく 잘	お願いします 부탁합니다

Q 퀴즈: 일본에서의 술 마시는 습관이나 매너는 어느 것일까요?

 한국에서는 잔이 비어야 다시 잔을 채우지만, 일본에서는 잔에 술이 남아 있을 때 잔을 채워도 실례가 되지 않는다.

 한국에서는 아직 유교의 가르침이 남아 있어서 윗사람과 술을 마실 때는 몸 또는 고개를 옆으로 돌리고 마시지만, 일본에서는 윗사람이 정면에 앉아 있어도 정면을 향해서 마셔도 실례가 되지 않는다.

 한국에서는 소주를 그대로 마시지만, 일본에서는 대부분 소주에 다른 것을 섞어서 마신다. 섞어서 마시는 것의 종류는 다양하지만, 가장 보편적인 것은 얼음, 물, 우롱차, 주스 등으로 소주에 섞어서 희석해서 마신다.

 한국에서 술을 따를 때는 대부분 한쪽 손으로 병을 잡고, 또 다른 손은 술을 따르는 팔에 곁들여서 따르지만, 일본에서는 한쪽 손으로 병을 잡고, 다른 손으로는 병을 받치면서, 즉 두 손이 모두 병을 잡고 따른다. 한국에서의 술 따르는 습관은 전통의상의 저고리 소매가 방해가 되지 않도록 소매를 접은 것, 또 소매 속에 무기 등을 감추지 않았다는 것을 나타내는 것이라고 한다.

어휘

01 다음 단어의 의미를 써 보세요. (1문제 4점)

① **降りる**

② **貸す**

③ **歩く**

④ **留学する**

⑤ **おごる**

02 다음 단어를 일본어로 써 보세요. (1문제 4점)

① 집다

② 돕다, 거들다

③ 보여주다

④ 배우다

⑤ 외우다

01 다음 문장을 한국어로 해석해 보세요. (1문제 3점)

① ケータイ、貸して。

____

② 明日は テストですから、単語を 覚えて ください。

____

③ ２号線の 地下鉄に 乗って、３つ目の 駅で 降りて ください。

____

02 다음 문장을 일본어로 만들어 보세요. (1문제 5점)

① 한자로 써 주세요.

____

② 오늘은 푹 쉬세요.

____

③ 내일 놀러 오세요.

____

◎ Test 06

01 다음 단어를 듣고 받아 써 보세요. (1문제 3점)

① 　② 　③

④ 　⑤ 　⑥

02 다음 문장을 듣고 받아 써 보세요. (1문제 6점)

① ____

② ____

③ ____

어휘

01 다음 단어의 의미를 써 보세요.
(1문제 4점)

① 降りる

② 貸す

③ 歩く

④ 留学する

⑤ おごる

02 다음 단어를 일본어로 써 보세요.
(1문제 4점)

① 집다

② 돕다, 거들다

③ 보여주다

④ 배우다

⑤ 외우다

어휘 **01**

① (차에서) 내리다　【한자】降りる
　☞ 이 문제를 틀렸을 경우에는 P.114를 다시 한번 확인 학습해 주세요.

② 빌려주다　【한자】貸す
　☞ 이 문제를 틀렸을 경우에는 P.108을 다시 한번 확인 학습해 주세요.

③ 걷다　【한자】歩く
　☞ 이 문제를 틀렸을 경우에는 P.91을 다시 한번 확인 학습해 주세요.

④ 유학하다　【한자】留学する
　☞ 이 문제를 틀렸을 경우에는 P.95를 다시 한번 확인 학습해 주세요.

⑤ 한턱 내다
　☞ 이 문제를 틀렸을 경우에는 P.111을 다시 한번 확인 학습해 주세요.

어휘 **02**

① 取る
　☞ 이 문제를 틀렸을 경우에는 P.111을 다시 한번 확인 학습해 주세요.

② 手伝う
　☞ 이 문제를 틀렸을 경우에는 P.111을 다시 한번 확인 학습해 주세요.

③ 見せる
　☞ 이 문제를 틀렸을 경우에는 P.109를 다시 한번 확인 학습해 주세요.

④ 習う
　☞ 이 문제를 틀렸을 경우에는 P.93을 다시 한번 확인 학습해 주세요.

⑤ 覚える
　☞ 이 문제를 틀렸을 경우에는 P.117을 다시 한번 확인 학습해 주세요.

01 다음 문장을 한국어로 해석해 보세요.
(1문제 3점)

① ケータイ、貸して。
____

② 明日は テストですから、単語を 覚えて
ください。
____

③ 2号線の 地下鉄に 乗って、
3つ目の 駅で 降りて ください。
____

02 다음 문장을 일본어로 만들어 보세요.
(1문제 5점)

① 한자로 써 주세요.
____

② 오늘은 푹 쉬세요 .
____

③ 내일 놀러 오세요.
____

01 다음 단어를 듣고 받아 써 보세요. (1문제 3점)

①[____] ②[____]

③[____] ④[____]

⑤[____] ⑥[____]

02 다음 문장을 듣고 받아 써 보세요.
(1문제 6점)

①___________________

②___________________

③___________________

쓰기 01

① 휴대폰 빌려 줘.
☞ 이 문제를 틀렸을 경우에는 P.111를 다시 한번 확인 학습해 주세요.

② 내일은 시험이니까, 단어를 외우세요.
☞ 이 문제를 틀렸을 경우에는 P.113를 다시 한번 확인 학습해 주세요.

③ 2호선 지하철을 타고, 3번째 역에서 내리세요.
☞ 이 문제를 틀렸을 경우에는 P.114를 다시 한번 확인 학습해 주세요.

쓰기 02

① 漢字で 書いて ください。
☞ 이 문제를 틀렸을 경우에는 P.113를 다시 한번 확인 학습해 주세요.

② 今日は ゆっくり 休んで ください。
☞ 이 문제를 틀렸을 경우에는 P.109를 다시 한번 확인 학습해 주세요.

③ 明日、遊びに 来て ください。
☞ 이 문제를 틀렸을 경우에는 P.108를 다시 한번 확인 학습해 주세요.

듣기 01

① ごごうせん 【뜻】 5호선 【한자】 5号線
☞ 이 문제를 틀렸을 경우에는 P.114를 다시 한번 확인 학습해 주세요.

② よっつめ 【뜻】 4번 째 【한자】 4つ目
☞ 이 문제를 틀렸을 경우에는 P.114를 다시 한번 확인 학습해 주세요.

③ ゆっくり 【뜻】 느긋히, 천천히
☞ 이 문제를 틀렸을 경우에는 P.109를 다시 한번 확인 학습해 주세요.

④ かってきて 【뜻】 사 와 【한자】 買って来て
☞ 이 문제를 틀렸을 경우에는 P.111를 다시 한번 확인 학습해 주세요.

⑤ ちょっと 【뜻】 좀 / 잠깐
☞ 이 문제를 틀렸을 경우에는 P.111를 다시 한번 확인 학습해 주세요.

⑥ てつだって 【뜻】 도와줘 【한자】 手伝って
☞ 이 문제를 틀렸을 경우에는 P.111를 다시 한번 확인 학습해 주세요.

듣기 02

① 今週の 土曜日、時間が ありますか。 이번 주 토요일 시간이 있습니까?
☞ 이 문제를 틀렸을 경우에는 P.114를 다시 한번 확인 학습해 주세요.

② 駅で 電話して ください。 역에서 전화해 주세요.
☞ 이 문제를 틀렸을 경우에는 P.114를 다시 한번 확인 학습해 주세요.

③ ケータイ、貸して。 핸드폰 빌려줘.
☞ 이 문제를 틀렸을 경우에는 P.111를 다시 한번 확인 학습해 주세요.

unit 07

今、何を して いますか。

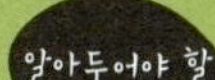

학습사항

□ **図書館で レポートを 書いて います。**
도서관에서 리포트를 쓰고 있습니다.

□ **授業中に 寝て しまいました。** 수업중에 자 버렸습니다.

2시간만에 끝내는

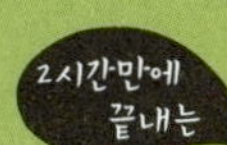

독학 Plan

	학습 항목	학습 시간	학습 체크			학습 메모
1	동영상 또는 오디오 강의 수강	15분	□1회	□2회	□3회	
2	요것만은 꼭꼭 Point (124~125p)	15분	□1회	□2회	□3회	
3	실전처럼 술술 Speaking (126~129p)	15분	□1회	□2회	□3회	
4	회화실력 쑥쑥 Conversation (130~131p)	15분	□1회	□2회	□3회	
5	내 귀에 쏙쏙 Listening (132~133p)	15분	□1회	□2회	□3회	
6	듣고 말하기 훈련용 MP3 S07_02,03	15분	□1회	□2회	□3회	
7	7과 필기시험 (134~137p)	30분	□50점 미만	□51~80점	□81~100점	

50점 미만 Unit 전체 1~2회 반복 학습
51점~80점 틀린 부분 다시 학습
81점~100점 다음 Unit 진행 OK~!!

01 ~て いる

+ 동사의 [て형]에 [いる]를 붙여서 [~하고 있다]의 의미로 현재 진행중인 동작을 나타내는
  표현입니다.

+ [いる]는 [(사람, 동물이) 있다]라는 뜻이지만, 동사의 [て형]에 붙여서 사용할 때는 원래
  동사의 의미는 없어집니다.

+ [~て いる]가 붙어서 현재 진행형으로 만들 수 있는 동사는 [앉다] [서다]처럼 한번의
  동작으로 끝나는 동사가 아니라 [걷다] [놀다] [운동하다]처럼 일정한 시간동안 계속되는
  동작을 나타내는 동사들입니다.

□ 今 지금
□ 運動 운동
□ 友だち 친구
□ 遊ぶ 놀다
□ 図書館 도서관
□ レポート 리포트
□ 書く 쓰다

今、運動を して います。　　　　　　지금, 운동을 하고 있습니다.

田中さんは 友だちと 遊んで います。　다나카 씨는 친구와 놀고 있습니다.

図書館で レポートを 書いて います。　도서관에서 리포트를 쓰고 있습니다.

02 ~て しまう

+ 동사의 [て형]에 [しまう]를 붙여서 만드는 표현으로 [유감]과 [완료] 두가지 의미를 가지고 있습니다.

+ [우산을 잃어버렸다]든지 [수업중에 잠을 잤다]처럼 의도하지 않은 일이 일어나서 유감을 나타낼 때 사용합니다

+ [리포트를 전부 썼다]와 같이 어떤 일이 완전히 끝났다는 의미로도 사용합니다.

傘を なくして しまいました。　　　　우산을 잃어버리고 말았습니다.

授業中に 寝て しまいました。　　　　수업 중에 자고 말았습니다.

レポートは 全部 書いて しまいました。　리포트는 전부 써 버렸습니다.

□ 傘 우산
□ なくす 잃어버리다
□ 授業中 수업중
□ 寝る 자다
□ 全部 전부
□ 書く 쓰다

01 다음 예와 같이 말해 보세요.

パーティー

歌を 歌う　　写真を 撮る　　お酒を 飲む　　踊る　　友だちと 話す
電話を かける　ピアノを 弾く　　ケーキを 食べる　　料理を 作る

예　A: 田中さんは 何を していますか。
　　B: ケーキを 食べています。

❶ 佐藤さん　　❷ キムさん　　❸ 山田さん　　❹ 中村さん

❺ パクさん　　❻ チェさん　　❼ イさん　　❽ アンさん

풀이 노트 01

◎ S07_02

예 A: 田中さんは 何を して いますか。 다나카 씨는 무엇을 하고 있습니까?
B: ケーキを 食べて います。 케이크를 먹고 있습니다.

① A: 佐藤さんは 何を して いますか。 사토 씨는 무엇을 하고 있습니까?
B: 電話を かけて います。 전화를 걸고 있습니다.

② A: キムさんは 何を して いますか。 김 씨는 무엇을 하고 있습니까?
B: 写真を 撮って います。 사진을 찍고 있습니다.

③ A: 山田さんは 何を して いますか。 야마다 씨는 무엇을 하고 있습니까?
B: 料理を 作って います。 요리를 만들고 있습니다.

④ A: 中村さんは 何を して いますか。 나카무라 씨는 무엇을 하고 있습니까?
B: 歌を 歌って います。 노래를 부르고 있습니다.

⑤ A: パクさんは 何を して いますか。 박 씨는 무엇을 하고 있습니까?
B: ピアノを 弾いて います。 피아노를 치고 있습니다.

⑥ A: チェさんは 何を して いますか。 최 씨는 무엇을 하고 있습니까?
B: お酒を 飲んで います。 술을 마시고 있습니다.

⑦ A: イさんは 何を して いますか。 이 씨는 무엇을 하고 있습니까?
B: 友だちと 話して います。 친구와 이야기하고 있습니다.

⑧ A: アンさんは 何を して いますか。 안 씨는 무엇을 하고 있습니까?
B: 踊って います。 춤추고 있습니다.

□ パーティー	파티
□ ケーキ	케이크
□ 食べる	먹다
□ 電話	전화
□ かける	걸다
□ 写真	사진
□ 撮る	찍다
□ 料理	요리
□ 作る	만들다
□ 歌	노래
□ 歌う	노래하다
□ ピアノ	피아노
□ 弾く	치다
□ お酒	술
□ 飲む	마시다
□ 友だち	친구
□ 話す	이야기하다
□ 踊る	춤추다

02 다음 예와 같이 말해 보세요.

예　約束を　忘れる

A: どうしたんですか。
B: 約束を　忘れて　しまいました。

 ❶ 財布を　なくす 

 ❷ 会社に　遅れる

 ❸ 5キロ　太る

 ❹ お金を　たくさん　使う

 ❺ 友だちと　けんかを　する

풀이 노트 02

◎ S07_03

> 예 約束を 忘れる
>
> A: どうしたんですか。 무슨 일 있었습니까?
> B: 約束を 忘れて しまいました。 약속을 잊어 버렸습니다.

단어 목록

□ 約束 약속
□ 忘れる 잊다
□ 財布 지갑
□ なくす 잃어버리다
□ 会社 회사
□ 遅れる 늦다
□ キロ 킬로그램
□ 太る 살찌다
□ お金 돈
□ たくさん 많이
□ 使う 쓰다
□ 友だち 친구
□ けんかを する 싸움을 하다

① 財布を なくす

A: どうしたんですか。 무슨 일 있었습니까?
B: 財布を なくして しまいました。 지갑을 잃어 버렸습니다.

② 会社に 遅れる

A: どうしたんですか。 무슨 일 있었습니까?
B: 会社に 遅れて しまいました。 회사에 늦어 버렸습니다.

③ 5キロ 太る

A: どうしたんですか。 무슨 일 있었습니까?
B: 5キロ 太って しまいました。 5킬로그램 살쪄 버렸습니다.

④ お金を たくさん 使う

A: どうしたんですか。 무슨 일 있었습니까?
B: お金を たくさん 使って しまいました。 돈을 많이 써 버렸습니다.

⑤ 友だちと けんかを する

A: どうしたんですか。 무슨 일 있었습니까?
B: 友だちと けんかを して しまいました。 친구와 싸움을 해 버렸습니다.

◉ Track 20

キム	もしもし、山田さん、今 何を して いますか。
山田	うちで 休んで いますよ。
キム	今から 一緒に お酒を 飲みに 行きませんか。
山田	お酒ですか。何か ありましたか。
キム	実は 彼女と けんかを して しまいました。
山田	え、どうしてですか。
キム	忙しくて、彼女の 誕生日を 忘れて しまいましたから。
山田	ひどいですね。それは キムさんが 悪いですよ。 早く 彼女に あやまって ください。

김민수	여보세요. 야마다 씨, 지금 무엇을 하고 있습니까?
야마다	집에서 쉬고 있습니다.
김민수	지금부터 함께 술 마시러 가지 않을래요?
야마다	술이요? 뭔가 있었습니까?
김민수	실은 여자 친구와 싸움을 하고 말았어요.
야마다	에? 왜요?
김민수	바빠서, 여자 친구 생일을 잊어버리고 말았기 때문에...
야마다	심하네요. 그것은 김민수 씨가 나쁘네요. 빨리 여자 친구에게 사과하세요.

- もしもし 여보세요
- 今から 지금부터
- 何か 무엇인가
- 実は 실은
- 彼女 여자 친구, 그녀
- けんかを する 싸움을 하다
- どうして 왜, 어째서
- 忘れる 잊어버리다
- ひどい 심하다
- あやまる 사과하다

01 의문사 + か

[何(무엇)] [誰(누구)] [どこ(어디)]등과 같은 의문사에 [か]를 붙이면, 불확실한 것을 나타내는 의미가 됩니다.

(1) 誰

A : 会議室に 誰か いますか。(회의실에 누군가 있습니까?)

B : はい、います。(예, 있습니다.)

A : 誰が いますか。(누가 있습니까?)

B : 田中部長が います。(다나카 부장님이 있습니다.)

① [의문사+か]를 사용해서 확실하지 않은 것을 질문할 때는 [はい]나 [いいえ]로 대답하게 됩니다. 있다는 것이 확인이 되면 누가 있는지를 [誰が]로 묻게 됩니다. 일반적으로는 중복된 부분을 생략한 다음과 같은 회화로 많이 사용합니다.

A : 会議室に 誰か いますか。(회의실에 누군가 있습니까?)

B : はい、田中部長が います。(예, 다나카 부장님이 있습니다.)

② 부정형의 경우는 의문사 뒤에 [も]를 붙여서 대답합니다.

A : 会議室に 誰か いますか。(회의실에 누군가 있습니까?)

B : いいえ、誰も いません。(아니오, 아무도 없습니다.)

(2) どこ

A : 週末、どこかへ 行きますか。(주말에 어딘가에 갑니까?)

B : はい、行きます。(예, 갑니다.)

A : どこへ 行きますか。(어디에 갑니까?)

B : 学校へ 行きます。(학교에 갑니다.)

① 위의 예와 마찬가지로 중복된 부분을 생략하고 다음과 같은 회화로 사용합니다.

A : 週末、どこかへ 行きますか。(주말에 어딘가에 갑니까?)

B : はい、学校へ 行きます。(예, 학교에 갑니다.)

② 부정형의 경우는 의문사 뒤에 방향을 나타내는 조사와 [も]를 붙여서 대답합니다.

A : 週末、どこかへ 行きますか。(주말에 어딘가에 갑니까?)

B : いいえ、どこへも 行きません。(아니오, 아무데도 안갑니다.)

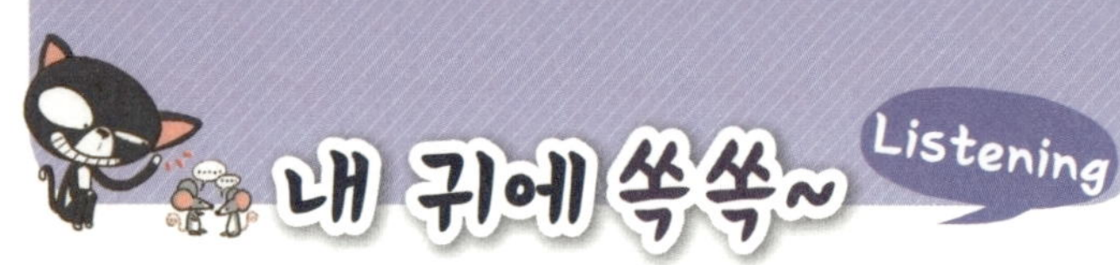

01 다음을 듣고 해당하는 번호를 고르세요.

예	❶	❷	❸	❹	❺	❻
アンさん	パクさん	佐藤さん	山田さん	鈴木さん	チェさん	イさん
d						

풀이 노트 01

[예] A: アンさんは 何を して いますか。 안 씨는 무엇을 하고 있습니까?
B: 中村さんと 話して います。 나카무라 씨와 이야기하고 있습니다.

정답 : d

① A: パクさんは 何を して いますか。 박 씨는 무엇을 하고 있습니까?
B: アイスクリームを 食べて います。 아이스크림을 먹고 있습니다.

정답 : g

② A: 佐藤さんは 何を して いますか。 사토 씨는 무엇을 하고 있습니까?
B: 写真を 撮って います。 사진을 찍고 있습니다.

정답 : a

③ A: 山田さんは 何を して いますか。 야마다 씨는 무엇을 하고 있습니까?
B: 寝て います。 자고 있습니다.

정답 : c

④ A: 鈴木さんは 何を して いますか。 스즈키 씨는 무엇을 하고 있습니까?
B: 音楽を 聞きながら、コーヒーを 飲んで います。

음악을 들으면서 커피를 마시고 있습니다.

정답 : e

⑤ A: チェさんは 何を して いますか。 최 씨는 무엇을 하고 있습니까?
B: 歌を 歌いながら、歩いて います。 노래를 부르면서 걷고 있습니다.

정답 : b

⑥ A: イさんは 何を して いますか。 이 씨는 무엇을 하고 있습니까?
B: ベンチに 座って、電話を かけて います。

벤치에 앉아서 전화를 걸고 있습니다.

정답 : f

□ 話す 이야기하다
□ アイスクリーム 아이스크림
□ 食べる 먹다
□ 写真 사진
□ 撮る 찍다
□ 寝る 자다
□ 音楽 음악
□ 聞く 듣다
□ コーヒー 커피
□ 飲む 마시다
□ 歌 노래
□ 歌う 노래하다
□ 歩く 걷다
□ ベンチ 벤치
□ 座る 앉다
□ 電話 전화
□ かける 걸다

제한 시간
30분

☐ 1회 점수 : / 100
☐ 2회 점수 : / 100
☐ 3회 점수 : / 100

01 다음 단어의 의미를 써 보세요. (1문제 4점)

① **あやまる**

② **太る**

③ **なくす**

④ **弾く**

⑤ **遅れる**

02 다음 단어를 일본어로 써 보세요. (1문제 4점)

① 잊어버리다

② 사용하다

③ (차에서) 내리다

④ 사다

⑤ 기다리다

01 다음 문장을 한국어로 해석해 보세요. (1문제 3점)

① 田中さんは　料理を　作って　います。

____

② 本を　見ながら、レポートを　書いて　います。

____

③ 会社に　遅れて　しまいました。

____

02 다음 문장을 일본어로 만들어 보세요. (1문제 5점)

① 커피를 마시면서 애인과 이야기하고 있습니다.

____

② 친구와 싸움을 하고 말았습니다.

____

③ 피아노를 치면서 노래를 부르고 있습니다.

____

01 다음 단어를 듣고 받아 써 보세요. (1문제 3점)

◉ Test 07

① ___________　② ___________　③ ___________

④ ___________　⑤ ___________　⑥ ___________

02 다음 문장을 듣고 받아 써 보세요. (1문제 6점)

① ____

② ____

③ ____

어휘

01 다음 단어의 의미를 써 보세요.
(1문제 4점)

① **あやまる**

② **太る**

③ **なくす**

④ **弾く**

⑤ **遅れる**

02 다음 단어를 일본어로 써 보세요.
(1문제 4점)

① 잊어버리다

② 사용하다

③ (차에서) 내리다

④ 사다

⑤ 기다리다

어휘 01

① 사과하다
☞ 이 문제를 틀렸을 경우에는 P.130를 다시 한번 확인 학습해 주세요.

② 살찌다 【한자】太る
☞ 이 문제를 틀렸을 경우에는 P.129를 다시 한번 확인 학습해 주세요.

③ 잃어버리다 (분실하다)
☞ 이 문제를 틀렸을 경우에는 P.129를 다시 한번 확인 학습해 주세요.

④ (악기를) 치다/연주하다 【한자】弾く
☞ 이 문제를 틀렸을 경우에는 P.126를 다시 한번 확인 학습해 주세요.

⑤ 늦다 【한자】遅れる
☞ 이 문제를 틀렸을 경우에는 P.129를 다시 한번 확인 학습해 주세요.

어휘 02

① 忘れる
☞ 이 문제를 틀렸을 경우에는 P.130를 다시 한번 확인 학습해 주세요.

② 使う
☞ 이 문제를 틀렸을 경우에는 P.129를 다시 한번 확인 학습해 주세요.

③ 降りる
☞ 이 문제를 틀렸을 경우에는 P.114를 다시 한번 확인 학습해 주세요.

④ 買う
☞ 이 문제를 틀렸을 경우에는 P.108를 다시 한번 확인 학습해 주세요.

⑤ 待つ
☞ 이 문제를 틀렸을 경우에는 P.108를 다시 한번 확인 학습해 주세요.

쓰기

01 다음 문장을 한국어로 해석해 보세요.
(1문제 3점)

① 田中さんは　料理を　作って　います。
_{た なか}　_{りょう り}　_{つく}

____

② 本を　見ながら、レポートを　書いて　います。
_{ほん}　_み　_か

____

③ 会社に　遅れて　しまいました。
_{かいしゃ}　_{おく}

____

02 다음 문장을 일본어로 만들어 보세요.
(1문제 5점)

① 커피를 마시면서 애인과 이야기하고
있습니다.

____

② 친구와 싸움을 하고 말았습니다.

____

③ 피아노를 치면서 노래를 부르고 있습니다.

____

듣기

01 다음 단어를 듣고 받아 써 보세요. (1문제 3점)

①　　　　　　　②
③　　　　　　　④
⑤　　　　　　　⑥

02 다음 문장을 듣고 받아 써 보세요.
(1문제 6점)

①
____

②
____

③
____

쓰기 01

① 다나카 씨는 요리를 만들고 있습니다.
☞ 이 문제를 틀렸을 경우에는 P.127를 다시 한번 확인 학습해 주세요.

② 책을 보면서, 리포트를 쓰고 있습니다.
☞ 이 문제를 틀렸을 경우에는 P.124를 다시 한번 확인 학습해 주세요.

③ 회사에 늦고 말았습니다.
☞ 이 문제를 틀렸을 경우에는 P.129를 다시 한번 확인 학습해 주세요.

쓰기 02

① コーヒーを　飲みながら、恋人と　話して　います。
_の　_{こいびと}　_{はな}
☞ 이 문제를 틀렸을 경우에는 P.127,133를 다시 한번 확인 학습해 주세요.

② 友だちと　けんかを　して　しまいました。
_{とも}
☞ 이 문제를 틀렸을 경우에는 P.129를 다시 한번 확인 학습해 주세요.

③ ピアノを　弾きながら、歌を　歌って　います。
_ひ　_{うた}　_{うた}
☞ 이 문제를 틀렸을 경우에는 P.127를 다시 한번 확인 학습해 주세요.

듣기 01

① ひどい　[뜻] 심하다
☞ 이 문제를 틀렸을 경우에는 P.130를 다시 한번 확인 학습해 주세요.

② あやまる　[뜻] 사과하다
☞ 이 문제를 틀렸을 경우에는 P.130를 다시 한번 확인 학습해 주세요.

③ たくさん　[뜻] 많이
☞ 이 문제를 틀렸을 경우에는 P.129를 다시 한번 확인 학습해 주세요.

④ りょうり　[뜻] 요리　[한자] 料理
_{りょう り}
☞ 이 문제를 틀렸을 경우에는 P.127를 다시 한번 확인 학습해 주세요.

⑤ わすれる　[뜻] 잊다　[한자] 忘れる
_{わす}
☞ 이 문제를 틀렸을 경우에는 P.129를 다시 한번 확인 학습해 주세요.

⑥ なくす　[뜻] 잃어버리다
☞ 이 문제를 틀렸을 경우에는 P.129를 다시 한번 확인 학습해 주세요.

듣기 02

① どうしたんですか。　무슨 일입니까?
☞ 이 문제를 틀렸을 경우에는 P.129를 다시 한번 확인 학습해 주세요.

② ５キロ　太って　しまいました。　5킬로그램 살쪄 버렸습니다.
_{ふと}
☞ 이 문제를 틀렸을 경우에는 P.129를 다시 한번학습해 주세요.

③ キムさんは　写真を　撮って　います。　김 씨는 사진을 찍고 있습니다.
_{しゃしん}　_と
☞ 이 문제를 틀렸을 경우에는 P.133를 다시 한번 확인 학습해 주세요.

unit 08

写真を 見ても いいですか。

- ☐ この いすを 借（か）りても いいですか。　이 의자를 빌려도 됩니까?
- ☐ 店（みせ）の 前（まえ）に 車（くるま）を 止（と）めては いけません。　가게 앞에 차를 세워서는 안됩니다.
- ☐ バスに 乗（の）って、会社（かいしゃ）へ 行（い）きます。　버스를 타고, 회사에 갑니다.

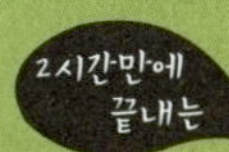

	학습 항목	학습 시간	학습 체크			학습 메모
1	동영상 또는 오디오 강의 수강	15분	☐1회	☐2회	☐3회	
2	요것만은 꼭꼭 Point (140~141p)	15분	☐1회	☐2회	☐3회	
3	실전처럼 술술 Speaking (142~145p)	15분	☐1회	☐2회	☐3회	
4	회화실력 쑥쑥 Conversation (146~147p)	15분	☐1회	☐2회	☐3회	
5	내 귀에 쏙쏙 Listening (148~149p)	15분	☐1회	☐2회	☐3회	
6	듣고 말하기 훈련용 MP3 S08_02,03	15분	☐1회	☐2회	☐3회	
7	8과 필기시험 (150~153p)	30분	☐50점 미만	☐51~80점	☐81~100점	

- 50점 미만　Unit 전체 1~2회 반복 학습
- 51점~80점　틀린 부분 다시 학습
- 81점~100점　다음 Unit 진행 OK~!!

–해도 됩니다

01 ~ても いいです

+ 동사의 [て형]에 붙는 형태로 허가를 나타내는 표현입니다.

+ 문장 끝에 [~か]를 붙이면 상대방에게 허가를 구하는 표현이 됩니다.

明日は 休んでも いいです。　　　　　　　　　　　　내일은 쉬어도 됩니다.

この いすを 借りても いいですか。　　　　　　이 의자를 빌려도 됩니까?

暑いから、エアコンを つけても いいですか。

더우니까, 에어컨을 켜도 됩니까?

□ 明日 내일
□ 休む 쉬다
□ この 이
□ いす 의자
□ 借りる 빌리다
□ 暑い 덥다
□ エアコン 에어컨
□ つける 켜다

–해서는 안됩니다

02 ~ては いけません

+ 동사의 [て형]에 붙는 형태로 어떤 행위에 대해 금지하는 표현입니다.

+ 이 표현은 아랫사람이 윗사람에게는 사용해서는 안됩니다.

授業中に おしゃべりを しては いけません。

수업 중에 수다를 떨어서는 안 됩니다.

日本の 地下鉄で ケータイを 使っては いけません。

일본 지하철에서 휴대폰을 사용해서는 안 됩니다.

熱が あるから、お風呂に 入っては いけません。

열이 있기 때문에 목욕을 해서는 안 됩니다.

□ 授業中 수업중
□ おしゃべりを する 수다를 떨다
□ 日本 일본
□ 地下鉄 지하철
□ ケータイ 휴대폰
□ 使う 사용하다
□ 熱 열
□ お風呂に 入る 목욕을 하다

−하고, 해서 − 합니다

03 ~て ~ます

+ [~하고/~해서]라는 의미의 [て형]을 나열하면 동작들이 연속해서 일어나는 것을 나타내는 표현이 됩니다.
+ 나열하는 동사는 보통 2~3개 정도입니다.

恋人に 会って、映画を 見ます。　　　애인을 만나서, 영화를 봅니다.

コーヒーを 飲んで、勉強を します。　　커피를 마시고, 공부를 합니다.

バスに 乗って、会社へ 行きます。　　　버스를 타고, 회사에 갑니다.

□ 恋人 애인
□ 会う 만나다
□ 映画 영화
□ 見る 보다
□ コーヒー 커피
□ 飲む 마시다
□ 勉強 공부
□ バス 버스
□ 乗る 타다
□ 会社 회사
□ 行く 가다

01 다음 예와 같이 말해 보세요.

예 ここで 写真を 撮る

A: ここで 写真を 撮っても いいですか。
B: はい、撮っても いいです。
　　いいえ、撮っては いけません。

❶ 明日、会社を 休む

❷ ここに 座る

❸ 友だちを 連れてくる

❹ 店の前に 車を 止める

❺ 隣に 荷物を 置く

풀이 노트 01

> **예** ここで 写真を 撮る
>
> A: ここで 写真を 撮っても いいですか。 여기서 사진을 찍어도 됩니까?
>
> B: はい、撮っても いいです。 네, 찍어도 됩니다.
>
> いいえ、撮っては いけません。 아니오, 찍어서는 안됩니다.

① 明日、会社を 休む

A: 明日、会社を 休んでも いいですか。 내일, 회사를 쉬어도 됩니까?

B: はい、休んでも いいです。 네, 쉬어도 됩니다.

いいえ、休んでは いけません。 아니오, 쉬어서는 안됩니다.

② ここに 座る

A: ここに 座っても いいですか。 여기에 앉아도 됩니까?

B: はい、座っても いいです。 네, 앉아도 됩니다.

いいえ、座っては いけません。 아니오, 앉아서는 안됩니다.

③ 友だちを 連れてくる

A: 友だちを 連れてきても いいですか。 친구를 데리고 와도 됩니까?

B: はい、連れてきても いいです。 네, 데리고 와도 됩니다.

いいえ、連れてきては いけません。 아니오, 데리고 와서는 안됩니다.

④ 店の前に 車を 止める

A: 店の前に 車を 止めても いいですか。 가게 앞에 차를 세워도 됩니까?

B: はい、止めても いいです。 네, 세워도 됩니다.

いいえ、止めては いけません。 아니오, 세워서는 안됩니다.

⑤ 隣に 荷物を 置く

A: 隣に 荷物を 置いても いいですか。 옆에 짐을 놓아도 됩니까?

B: はい、置いても いいです。 네, 놓아도 됩니다.

いいえ、置いては いけません。 아니오, 놓아서는 안됩니다.

◎ S08_02

- □ ここ 여기
- □ 写真 사진
- □ 撮る 찍다
- □ 明日 내일
- □ 会社 회사
- □ 休む 쉬다
- □ 座る 앉다
- □ 友だち 친구
- □ 連れてくる 데리고 오다
- □ 店 가게
- □ 前 앞
- □ 車 차
- □ 止める 세우다
- □ 隣 옆
- □ 荷物 짐
- □ 置く 놓다

02 다음 예와 같이 말해 보세요.

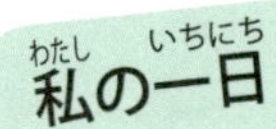

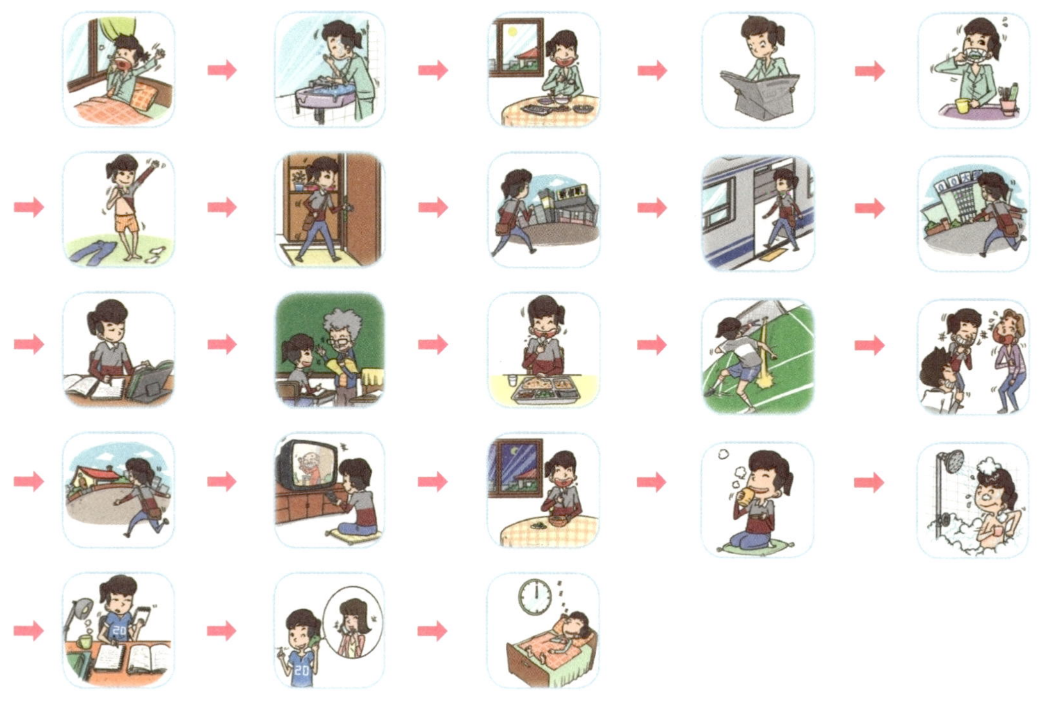

<blockquote>
예 A: 朝 7時に 起きて、何を しますか。
B: 顔を 洗って、朝ごはんを 食べます。
</blockquote>

朝 7時に 起きる ➡ 顔を 洗う ➡ 朝ごはんを 食べる ➡ 新聞を 読む ➡ 歯を 磨く
➡ 服を 着る ➡ うちを 出る ➡ 駅まで 歩く ➡ 地下鉄に 乗る ➡ 学校へ 行く
➡ 勉強を する ➡ 先生と 話す ➡ 昼ごはんを 食べる ➡ 運動を する ➡ 友だちと 遊ぶ
➡ うちへ 帰る ➡ テレビを 見る ➡ 晩ごはんを 食べる ➡ お茶を 飲む ➡ シャワーを 浴びる
➡ 宿題を する ➡ 恋人に 電話を かける ➡ 夜 12時に 寝る

S08_03

풀이 노트 02

예
A: 朝 7時に 起きて、何を しますか。 아침 7시에 일어나서, 무엇을 합니까?
B: 顔を 洗って、朝ごはんを 食べます。 세수를 하고, 아침밥을 먹습니다.

① A: 朝ごはんを 食べて、何を しますか。 아침 밥을 먹고, 무엇을 합니까?
B: 新聞を 読んで、歯を 磨きます。 신문을 읽고, 이를 닦습니다.

② A: 歯を 磨いて、何を しますか。 이를 닦고, 무엇을 합니까?
B: 服を 着て、うちを 出ます。 옷을 입고, 집을 나옵니다.

③ A: うちを 出て、何を しますか。 집을 나와서, 무엇을 합니까?
B: 駅まで 歩いて、地下鉄に 乗ります。 역까지 걸어서, 지하철을 탑니다.

④ A: 地下鉄に 乗って、何を しますか。 지하철을 타고, 무엇을 합니까?
B: 学校へ 行って、勉強を します。 학교에 가서, 공부를 합니다.

⑤ A: 勉強を して、何を しますか。 공부를 하고, 무엇을 합니까?
B: 先生と 話して、昼ごはんを 食べます。 선생님과 이야기하고, 점심을 먹습니다.

⑥ A: 昼ごはんを 食べて、何を しますか。 점심을 먹고, 무엇을 합니까?
B: 運動を して、友だちと 遊びます。 운동을 하고, 친구와 놉니다.

⑦ A: 友だちと 遊んで、何を しますか。 친구와 놀고, 무엇을 합니까?
B: うちへ 帰って、テレビを 見ます。 집에 돌아가고, 텔레비전을 봅니다.

⑧ A: テレビを 見て、何を しますか。 텔레비전을 보고, 무엇을 합니까?
B: 晩ごはんを 食べて、お茶を 飲みます。 저녁을 먹고, 차를 마십니다.

⑨ A: お茶を 飲んで、何を しますか。 차를 마시고, 무엇을 합니까?
B: シャワーを 浴びて、宿題を します。 샤워를 하고, 숙제를 합니다.

⑩ A: 宿題を して、何を しますか。 숙제를 하고, 무엇을 합니까?
B: 恋人に 電話を かけて、夜 12時に 寝ます。
애인에게 전화를 걸고, 밤 12시에 잡니다.

一日	하루
朝	아침
起きる	일어나다
顔	얼굴
洗う	씻다
朝ごはん	아침밥
食べる	먹다
新聞	신문
読む	읽다
歯	이(이빨)
磨く	닦다
服	옷
着る	입다
うち	집
出る	나오다
駅	역
歩く	걷다
地下鉄	지하철
乗る	타다
学校	학교
行く	가다
勉強	공부
先生	선생님
話す	말하다
昼ごはん	점심
運動	운동
友だち	친구
遊ぶ	놀다
うち	집
帰る	돌아가다
見る	보다
晩ごはん	저녁밥
お茶	차
飲む	마시다
シャワーを 浴びる	샤워를 하다
宿題	숙제
恋人	애인
電話	전화
かける	걸다
夜	저녁, 밤
寝る	자다

山田　キムさん、これは 何_{なん}ですか。

キム　高校_{こうこう}の ときの 写真_{しゃしん}です。

山田　見_みても いいですか。

キム　ええ、でも、笑_{わら}っては いけませんよ。
　　　今_{いま}とは 全然_{ぜんぜん} 違_{ちが}いますから。

山田　へえ、この 人_{ひと}が 本当_{ほんとう}に キムさんですか。

キム　そうですよ。
　　　高校_{こうこう}の ときは 今_{いま}より 10キロも 太_{ふと}って いましたから。

山田　どうやって やせましたか。

キム　毎日_{まいにち} ジムに 通_{かよ}って、運動_{うんどう}を しました。

山田　そうですか。頑張_{がんば}りましたね。

야마다　김민수 씨, 이것은 무엇입니까?

김민수　고등학교 때의 사진입니다.

야마다　봐도 됩니까?

김민수　예, 하지만 웃으면 안 됩니다.
　　　　지금과는 전혀 다르기 때문에.

야마다　예~, 이 사람이 정말로 김민수
　　　　씨입니까?

김민수　그렇습니다. 고등학교 때는 지금보다
　　　　10킬로그램이나 살쪘기 때문에.

야마다　어떻게 살을 뺐나요?

김민수　매일 헬스클럽에 다니고,
　　　　운동을 했습니다.

야마다　그렇습니까? 열심히 했군요.

어휘표현

□ 高校_{こうこう} 고등학교　□ とき 때　□ 笑_{わら}う 웃다　□ 全然_{ぜんぜん} 전혀　□ 違_{ちが}う 다르다　□ 本当_{ほんとう}に 정말로

□ ～より ~보다　□ 太_{ふと}る 살찌다　□ どうやって 어떻게 해서　□ やせる 마르다, 살을 빼다　□ 毎日_{まいにち} 매일

□ ジム 헬스클럽　□ ～に通_{かよ}う ~에 다니다　□ 頑張_{がんば}る 열심히 하다

01 시간에 붙는 조사 [に]

(1) 날짜, 시간을 나타내는 명사에 숫자가 포함되는 경우는 반드시 조사 [に]를 붙입니다.

朝 7時に 起きます。(아침 7시에 일어납니다)
3月 15日に 韓国へ 来ました。(3월 15일에 한국에 왔습니다)

(2) 다음과 같은 경우에는 시간표현에서 [に]를 생략합니다.

① [오늘] [내일] [어제] [이번 달] [다음 달]과 같은 시간표현

今日 一緒に 映画を 見ませんか。(오늘 함께 영화를 보지않겠습니까?)
来月、日本に 行きます。(다음 달에 일본에 갑니다)

② [매일] [매일아침] [매일 밤]과 같이 규칙적인 간격을 나타내는 시간표현

毎朝 ジョギングを します。(매일 아침 조깅을 합니다)
毎日、新聞を 読みます。(매일 신문을 읽습니다)

③ [언제]와 같은 의문사를 포함한 시간표현

旅行は いつ 行きますか。(여행은 언제 갑니까?)

(3) [주말] [요일]등의 시간표현에는 한국어로 해석은 하지만 조사 [に]를 붙일 수도 있고,
생략할 수도 있습니다.

土曜日(に) 日本へ 行きます。(토요일에 일본에 갑니다.)
週末(に) 何を しますか。(주말에 무엇을 합니까?)

◎ Track 24

01 다음을 듣고 맞는 것에 O표 하세요.

예	O	X
		O
❶	O	X
❷	O	X
❸	O	X
❹	O	X
❺	O	X
❻	O	X

풀이 노트 01

예
A: 今日、お風呂に 入っても いいですか。 오늘, 목욕을 해도 됩니까?
B: 熱が あるから、入っては いけません。 열이 있으니까 해서는 안됩니다.

정답 : X

① A: ここで 写真を 撮っても いいですか。 여기에서 사진을 찍어도 됩니까?
B: 写真ですか。ここでは 撮っては いけません。
사진말입니까? 여기서는 찍어서는 안됩니다.

정답 : X

② A: エアコンを つけても いいですか。 에어컨을 켜도 됩니까?
B: そうですね。ここ、暑いですね。 그러네요. 여기 덥네요.
つけても いいですよ。 켜도 됩니다.

정답 : O

③ A: 隣に 座っても いいですか。 옆에 앉아도 됩니까?
B: ええ、どうぞ 座ってください。 네, 앉으세요.

정답 : O

④ A: 学校に 犬を 連れてきても いいですか。 학교에 개를 데리고 와도 됩니까?
B: 犬ですか。それは ちょっと……。 개요? 그건 좀...

정답 : X

⑤ A: ここに 荷物を 置いても いいですか。 여기에 짐을 놓아도 됩니까?
B: どうぞ。置いてください。 예. 놓으세요.

정답 : O

⑥ A: 辞書を 借りても いいですか。 사전을 빌려도 됩니까?
B: すみません。今 私が 使っていますから。 미안합니다. 지금 제가 사용하고 있어서요

정답 : X.

□ 今日 오늘
□ お風呂に 入る 목욕을 하다
□ 熱 열
□ ある 있다
□ ここ 여기
□ 写真 사진
□ 撮る 찍다
□ エアコン 에어컨
□ つける 켜다
□ 暑い 덥다
□ 隣 옆
□ 座る 앉다
□ 学校 학교
□ 犬 개
□ 連れてくる 데리고 오다
□ 荷物 짐
□ 置く 놓다
□ 辞書 사전
□ 借りる 빌리다
□ 今 지금
□ 使う 사용하다

제한 시간
30분

☐ 1회 점수 :   / 100
☐ 2회 점수 :   / 100
☐ 3회 점수 :   / 100

어휘

01 다음 단어의 의미를 써 보세요. (1문제 4점)

① 洗う

② 置く

③ 連れてくる

④ 笑う

⑤ 頑張る

02 다음 단어를 일본어로 써 보세요. (1문제 4점)

① 입다

② 세우다

③ 앉다

④ 나오다, 나가다

⑤ 빌리다

쓰기

01 다음 문장을 한국어로 해석해 보세요. (1문제 3점)

① 毎日 ジムに 通って、運動を しました。

____

② 隣に 荷物を 置いても いいですか。

____

③ 熱が あるから、お風呂に 入っては いけません。

____

02 다음 문장을 일본어로 만들어 보세요. (1문제 5점)

① 가게 앞에 차를 세워도 됩니까?

____

② 일본 지하철에서 휴대폰을 사용해서는 안됩니다.

____

③ 역까지 걸어가서, 지하철을 타고 학교에 갑니다.

____

듣기

◎ Test 08

01 다음 단어를 듣고 받아 써 보세요. (1문제 3점)

① ② ③

④ ⑤ ⑥

02 다음 문장을 듣고 받아 써 보세요. (1문제 6점)

① ____

② ____

③ ____

어휘

01 다음 단어의 의미를 써 보세요.
(1문제 4점)

① 洗う

② 置く

③ 連れてくる

④ 笑う

⑤ 頑張る

02 다음 단어를 일본어로 써 보세요.
(1문제 4점)

① 입다

② 세우다

③ 앉다

④ 나오다, 나가다

⑤ 빌리다

어휘 01

① 씻다 〔한자〕洗^{あら}う
☞ 이 문제를 틀렸을 경우에는 P.145를 다시 한번 확인 학습해 주세요.

② 놓다(두다) 〔한자〕置^おく
☞ 이 문제를 틀렸을 경우에는 P.143를 다시 한번 확인 학습해 주세요.

③ 데리고 오다 〔한자〕連^つれてくる
☞ 이 문제를 틀렸을 경우에는 P.143를 다시 한번 확인 학습해 주세요.

④ 웃다 〔한자〕笑^{わら}う
☞ 이 문제를 틀렸을 경우에는 P.146를 다시 한번 확인 학습해 주세요.

⑤ 열심히 하다 〔한자〕頑張^{がんば}る
☞ 이 문제를 틀렸을 경우에는 P.146를 다시 한번 확인 학습해 주세요.

어휘 02

① 着^きる
☞ 이 문제를 틀렸을 경우에는 P.145를 다시 한번 확인 학습해 주세요.

② 止^とめる
☞ 이 문제를 틀렸을 경우에는 P.143를 다시 한번 확인 학습해 주세요.

③ 座^{すわ}る
☞ 이 문제를 틀렸을 경우에는 P.143를 다시 한번 확인 학습해 주세요.

④ 出^でる
☞ 이 문제를 틀렸을 경우에는 P.145를 다시 한번 확인 학습해 주세요.

⑤ 借^かりる
☞ 이 문제를 틀렸을 경우에는 P.140를 다시 한번 확인 학습해 주세요.

01 다음 문장을 한국어로 해석해 보세요.
(1문제 3점)

① 毎日 ジムに 通って、運動を しました。
____

② 隣に 荷物を 置いても いいですか。
____

③ 熱が あるから、お風呂に 入っては
いけません。
____

02 다음 문장을 일본어로 만들어 보세요.
(1문제 5점)

① 가게 앞에 차를 세워도 됩니까?
____

② 일본 지하철에서 휴대폰을 사용해서는
안됩니다.
____

③ 역까지 걸어가서 지하철을 타고 학교에 갑니다.
____

01 다음 단어를 듣고 받아 써 보세요. (1문제 3점)

①	②
③	④
⑤	⑥

02 다음 문장을 듣고 받아 써 보세요.
(1문제 6점)

① ____________________________

② ____________________________

③ ____________________________

---

① 매일 헬스클럽에 다니고 운동을 했습니다..
☞ 이 문제를 틀렸을 경우에는 P.146를 다시 한번 확인 학습해 주세요.

② 옆에 짐을 놓아도 됩니까?
☞ 이 문제를 틀렸을 경우에는 P.143를 다시 한번 확인 학습해 주세요.

③ 열이 있으니까, 목욕을 해서는 안됩니다.
☞ 이 문제를 틀렸을 경우에는 P.149를 다시 한번 확인 학습해 주세요.

① 店の 前に 車を 止めても いいですか。
☞ 이 문제를 틀렸을 경우에는 P.143를 다시 한번 확인 학습해 주세요.

② 日本の 地下鉄で ケータイを 使っては いけません。
☞ 이 문제를 틀렸을 경우에는 P.140를 다시 한번 확인 학습해 주세요.

③ 駅まで 歩いて、地下鉄に 乗って 学校へ 行きます。
☞ 이 문제를 틀렸을 경우에는 P.145를 다시 한번 확인 학습해 주세요.

① ぜんぜん　［뜻］전혀　［한자］全然
☞ 이 문제를 틀렸을 경우에는 P.146를 다시 한번 확인 학습해 주세요.

② しゅくだい　［뜻］숙제　［한자］宿題
☞ 이 문제를 틀렸을 경우에는 P.145를 다시 한번 확인 학습해 주세요.

③ おしゃべり　［뜻］수다
☞ 이 문제를 틀렸을 경우에는 P.140를 다시 한번 확인 학습해 주세요.

④ ばんごはん　［뜻］저녁 밥　［한자］晩ごはん
☞ 이 문제를 틀렸을 경우에는 P.145를 다시 한번 확인 학습해 주세요.

⑤ おちゃ　［뜻］차　［한자］お茶
☞ 이 문제를 틀렸을 경우에는 P.145를 다시 한번 확인 학습해 주세요.

⑥ こいびと　［뜻］애인　［한자］恋人
☞ 이 문제를 틀렸을 경우에는 P.145를 다시 한번 확인 학습해 주세요.

① うちを 出て、学校へ 行きます。 집을 나와서 학교에 갑니다.
☞ 이 문제를 틀렸을 경우에는 P.145를 다시 한번 확인 학습해 주세요.

② ここで 写真を 撮っても いいですか。 여기에서 사진을 찍어도 됩니까?
☞ 이 문제를 틀렸을 경우에는 P.149를 다시 한번 확인 학습해 주세요.

③ 今日は 友だちを 連れてきては いけません。
오늘은 친구를 데리고 와서는 안됩니다.
☞ 이 문제를 틀렸을 경우에는 P.149를 다시 한번 확인 학습해 주세요.

unit 09

北海道に 行った ことが ありますか。

□ た형 익히기

□ 日本に 行った ことが あります。 일본에 간 적이 있습니다.

	학습 항목	학습 시간	학습 체크			학습 메모
1	동영상 또는 오디오 강의 수강	15분	□1회	□2회	□3회	
2	요것만은 꼭꼭 Point (156~157p)	15분	□1회	□2회	□3회	
3	실전처럼 술술 Speaking (158~161p)	15분	□1회	□2회	□3회	
4	회화실력 쑥쑥 Conversation (162~163p)	15분	□1회	□2회	□3회	
5	내 귀에 쏙쏙 Listening (164~165p)	15분	□1회	□2회	□3회	
6	듣고 말하기 훈련용 MP3 S09_02,03	15분	□1회	□2회	□3회	
7	9과 필기시험 (168~171p)	30분	□50점 미만	□51~80점	□81~100점	

50점 미만 Unit 전체 1~2회 반복 학습
51점~80점 틀린 부분 다시 학습
81점~100점 다음 Unit 진행 OK~!!

-했다

01 ~た형(과거형)

+ [た형]은 [~했다]라는 의미의 보통체의 과거 표현입니다.
+ [た형]을 만드는 방법은 18과에서 학습했던 [て형]과 같으며, [て형]의 [て]를 [た]로 바꾸면 됩니다.

		기본형	て형	た형
	く ➡ いた	置く	置いて	置いた
	ぐ ➡ いだ	泳ぐ	泳いで	泳いだ
	す ➡ した	話す	話して	話した
1그룹동사	う、つ、る ➡ った	買う	買って	買った
		待つ	待って	待った
		作る	作って	作った
	ぬ、ぶ、む ➡ んだ	死ぬ	死んで	死んだ
		呼ぶ	呼んで	呼んだ
		休む	休んで	休んだ
	예외	行く	行って	行った
2그룹동사	る + た	着る	着て	着た
		見せる	見せて	見せた
3그룹동사		来る	来て	来た
		する	して	した

□ 置く 놓다
□ 泳ぐ 수영하다
□ 話す 이야기하다
□ 買う 사다
□ 待つ 기다리다
□ 作る 만들다
□ 死ぬ 죽다
□ 呼ぶ 부르다
□ 休む 쉬다
□ 行く 가다
□ 着る 입다
□ 見せる 보이다
□ 来る 오다
□ する 하다

–한적이 있다

02 ~た ことが ある

+ [た형]에 [~ことが ある]를 붙여서 [~한 적이 있다]라는 과거의 경험을 나타내는 표현입니다.

+ [스키를 탔었습니다] [기모노를 입었습니다]와 같이 단순하게 과거의 사실을 말하는 표현과는 다른 점에 주의해야 합니다.

□ スキーを する
스키를 타다

□ 着物
기모노(일본 전통 의상)

□ 着る 입다

□ フランス語
프랑스어

□ 習う 배우다

スキーを した ことが あります。　　　스키를 타본 적이 있습니다.

着物を 着た ことが ありますか。　　　기모노를 입어 본 적이 있습니까?

フランス語を 習った ことが ありません。

프랑스어를 배워 본 적이 없습니다.

01 다음 예와 같이 말해 보세요.

예 日本人と 話す

A: 日本人と 話した ことある。
B: うん、ある。
　　ううん、ない。

❶ まつりを 見る

❷ 日本のラーメンを 食べる

❸ お金を 拾う

❹ 授業を サボる

❺ 友だちと けんかを する

풀이 노트 01

 ◎ S09_02

예 日本人と 話す
A: 日本人と 話した ことある。 일본인과 이야기한 적 있어?
B: うん、ある。 응, 있어
   ううん、ない。 아니, 없어.

단어
- □ 日本人 일본인
- □ 話す 이야기하다
- □ ある 있다
- □ まつり 축제
- □ 見る 보다
- □ ラーメン 라면
- □ 食べる 먹다
- □ お金 돈
- □ 拾う 줍다
- □ 授業 수업
- □ サボる 땡땡이 치다
- □ 友だち 친구
- □ けんかを する 싸움을 하다

① まつりを 見る
A: まつりを 見た こと ある。 축제를 본 적 있어?
B: うん、ある。 응, 있어.
   ううん、ない。 아니, 없어.

② 日本の ラーメンを 食べる
A: 日本の ラーメンを 食べた こと ある。 일본 라면을 먹은 적 있어?
B: うん、ある。 응, 있어.
   ううん、ない。 아니, 없어.

③ お金を 拾う
A: お金を 拾った こと ある。 돈을 주은 적 있어?
B: うん、ある。 응, 있어.
   ううん、ない。 아니, 없어.

④ 授業を サボる
A: 授業を サボった こと ある。 수업을 땡땡이 친 적 있어?
B: うん、ある。 응, 있어.
   ううん、ない。 아니, 없어.

⑤ 友だちと けんかを する
A: 友だちと けんかを した こと ある。 친구와 싸운 적 있어?
B: うん、ある。 응, 있어.
   ううん、ない。 아니, 없어.

02 다음 예와 같이 말해 보세요.

예 アルバイトを する / どこで する / レストラン

A: アルバイトを した ことが ありますか。
B: はい、(した ことが) あります。
A: どこで しましたか。
B: レストランで しました。

❶ 外国（がいこく）に 住（す）む / どこに 住（す）む / イギリス 

❷ 芸能人（げいのうじん）に 会（あ）う / いつ 会（あ）う / 先週（せんしゅう） 

❸ 日本料理（にほんりょうり）を 作（つく）る / 何（なに）を 作（つく）る / かつどん 

❹ 海外旅行（かいがいりょこう）に 行（い）く / 誰（だれ）と 行（い）く / 家族（かぞく） 

❺ テレビに 出（で）る / どんな 番組（ばんぐみ）に 出（で）る / クイズ番組（ばんぐみ） 

풀이 노트 02

 ◎ S09_03

例 **アルバイトを する / どこで する / レストラン**

A: アルバイトを した ことが ありますか。 아르바이트를 한 적이 있습니까?

B: はい、(した ことが) あります。 네, (한 적이)있습니다.

A: どこで しましたか。 어디에서 했습니까?

B: レストランで しました。 레스토랑에서 했습니다.

① **外国に 住む / どこに 住む / イギリス**

A: 外国に 住んだ ことが ありますか。 외국에 산 적이 있습니까?

B: はい、(住んだ ことが) あります。 네, (산 적이)있습니다.

A: どこに 住みましたか。 어디에서 살았습니까?

B: イギリスに 住みました。 영국에서 살았습니다.

② **芸能人に 会う / いつ 会う / 先週**

A: 芸能人に 会った ことが ありますか。 연예인을 만난 적이 있습니까?

B: はい、(会った ことが)あります。 네, (만난 적이)있습니다.

A: いつ 会いましたか。 언제 만났습니까?

B: 先週 会いました。 지난 주 만났습니다.

③ **日本料理を 作る / 何を 作る / かつどん**

A: 日本料理を 作った ことが ありますか。 일본요리를 만든 적이 있습니까?

B: はい、(作った ことが) あります。 네, (만든 적이)있습니다.

A: 何を 作りましたか。 무엇을 만들었습니까?

B: かつどんを 作りました。 가츠동을 만들었습니다.

④ **海外旅行に 行く / 誰と 行く / 家族**

A: 海外旅行に 行った ことが ありますか。 해외 여행을 간 적이 있습니까?

B: はい、(行った ことが) あります。 네, (간 적이)있습니다.

A: 誰と 行きましたか。 누구와 갔습니까?

B: 家族と 行きました。 가족과 갔습니다.

⑤ **テレビに 出る / どんな 番組に 出る / クイズ番組**

A: テレビに 出た ことが ありますか。 텔레비전에 나온 적이 있습니까?

B: はい、(出た ことが) あります。 네, (나온 적이)있습니다.

A: どんな 番組に 出ましたか。 어떤 방송 프로그램에 나왔습니까?

B: クイズ番組に 出ました。 퀴즈 프로그램에 나왔습니다.

□ アルバイト 아르바이트
□ どこ 어디
□ レストラン 레스토랑
□ 外国 외국
□ 住む 살다
□ イギリス 영국
□ 芸能人 연예인
□ 会う 만나다
□ いつ 언제
□ 先週 지난 주
□ 日本料理 일본 요리
□ 作る 만들다
□ 何 무엇
□ かつどん 가츠동
□ 海外旅行 해외 여행
□ 行く 가다
□ 誰 누구
□ 家族 가족
□ テレビ 텔레비전
□ 出る 나오다
□ どんな 어떤
□ 番組 방송 프로그램
□ クイズ 퀴즈

◉ **Track 26**

キム　来週の 月曜日から 仕事で 北海道に 行きます。

　　　山田さんは 北海道に 行った ことが ありますか。

山田　いいえ、まだ 行った ことが ありません。

　　　北海道は おいしい ものが たくさん ありますから、

　　　行きたいです。

キム　北海道は 何が 有名ですか。

山田　北海道は ビールと カニが 有名です。

キム　そうですか。お土産は 何が ほしいですか。

山田　北海道は チョコレートが おいしいから、頼んでも いいですか。

キム　じゃあ、お土産は チョコレートですね。

김민수　다음 주 월요일부터 일때문에
　　　　홋카이도(북해도)에 갑니다.
　　　　야마다 씨는 홋카이도(북해도)에
　　　　간 적이 있습니까?
야마다　아니오, 아직 간 적이 없습니다
　　　　홋카이도는 맛있는 것이 많기 때문에
　　　　가고 싶습니다.
김민수　홋카이도는 무엇이 유명합니까?
야마다　홋카이도는 맥주와 게가 유명합니다
김민수　그렇습니까?
　　　　선물은 무엇을 갖고 싶습니까?
야마다　홋카이도는 초콜릿이 맛있기 때문에,
　　　　부탁해도 됩니까?
김민수　그러면, 선물은 초콜릿이네요.

□ 来週 다음 주　□ ~で ~으로　□ 北海道 홋카이도(북해도)　□ まだ 아직　□ もの 것　□ たくさん 많이

□ ビール 맥주　□ カニ 게　□ お土産 선물　□ ~が ほしい ~을/를 원한다　□ チョコレート 초콜릿

□ 頼む 부탁하다

01 보통체

(1) 일본어는 문장의 끝이 [〜です][〜ます]로 끝나는 정중체와 [기본형] [た형] [ない형]등으로 끝나는 보통체가 있습니다.

　보통체의 회화는 친구나 가족간의 대화, 또는 손윗사람이 손아랫사람에게 사용합니다.

(2) 보통체로 질문을 할 때는 문장 끝에 [か]를 생략하고, 끝부분을 올려서 발음합니다.

　◆ [동사]의 경우

　A：日本人と　話した　ことある。／(일본인과 말해본 적 있어?)
　B：うん、ある。(응, 있어)
　　　ううん、ない。(아니, 없어)

　◆ [い형용사]의 경우

　　A：この　料理、おいしい。／(이 요리 맛있니?)
　　B：うん、おいしい。(응, 맛있어)
　　　　ううん、おいしくない。(아니, 맛없어)

　◆ [な형용사] [명사]의 경우는 보통체의 어미 [だ]를 빼고 [어간] 또는 [명사]자체로 묻고 대답합니다.

　　　A：明日、暇。／(내일 한가해?)
　　　B：うん、暇。(응, 한가해)
　　　　ううん、暇じゃない。(아니, 한가하지 않아)

(3) 보통체의 회화에서는 전후 관계로 의미를 알 수 있는 경우에는 조사를 생략할 수 있습니다.

　　A：あれを、取って。(저거를 집어줘)
　　A：これは、高いね。(이것은 비싸네)
　　A：週末　約束が、ある。／(주말에 약속이 있어?)
　　A：明日、学校へ、行く。／(내일 학교에 가니?)

◉ Track **27**

01 다음을 듣고 맞는 것에 O표를 하세요.

예	**a**	**b**	**c**
O		O	
❶	**a**	**b**	**c**
❷	**a**	**b**	**c**
❸	**a**	**b**	**c**
❹	**a**	**b**	**c**

풀이 노트 01

> 예 A: キムさんは 日本の本を 読んだ ことが ありますか。
> 김 씨는 일본 책을 읽은 적이 있습니까?
>
> B: はい、読んだ ことが あります。 네, 읽은 적이 있습니다.
>
> A: どんな 本を 読みましたか。 어떤 책을 읽었습니까?
>
> B: 雑誌を 読みました。 잡지를 읽었습니다.

① A: アンさんは 海外旅行に 行った ことが ありますか。
  안 씨는 해외 여행을 간 적이 있습니까?

  B: はい、行った ことが あります。 네, 간 적이 있습니다.

  A: 誰と 行きましたか。 누구와 갔습니까?

  B: 友だちと 行きました。 친구와 갔습니다.

② A: 佐藤さんは 料理を 作った ことが ありますか。
  사토 씨는 요리를 만든 적이 있습니까?

  B: いいえ、ありません。 아니오, 없습니다.

  でも、かつどんが 作りたいです。 하지만, 가츠동을 만들고 싶습니다.

③ A: 鈴木さん、芸能人を 見た こと ある。 스즈키 씨, 연예인을 본 적이 있어?

  B: うん、ある。 응, 있어.

  A: どこで 見た。 어디에서 봤어?

  B: デパートで 見たよ。 백화점에서 봤어.

④ A: チェさんは 外国に 住んだ ことが ありますか。
  최 씨는 외국에 산 적이 있습니까?

  B: いいえ、住んだ ことが ありませんが、
  旅行に 行った ことは あります。 아니오, 산 적이 없지만, 여행을 간 적은 있습니다.

  A: どこに 行きましたか。 어디에 갔습니까?

  B: 日本と カナダに 行きました。 일본과 캐나다에 갔습니다.

정답: ❶ O / a ❷ X / c ❸ O / b ❹ X / a

□ 日本 일본
□ 本 책
□ 読む 읽다
□ どんな 어떤
□ 雑誌 잡지
□ 海外旅行 해외 여행
□ 行く 가다
□ 誰 누구
□ 友だち 친구
□ 料理 요리
□ 作る 만들다
□ でも 하지만
□ 芸能人 연예인
□ 見る 보다
□ どこ 어디
□ デパート 백화점
□ 外国 외국
□ 住む 살다
□ 旅行 여행
□ カナダ 캐나다

みほさん、お元気ですか。

私は 元気ですが、最近、太って しまいましたから、今 ダイエット を しています。

でも、なかなか やせませんから、心配です。

ダイエットの 時は、朝と 昼は 食べても いいですが、夜遅く 食べては いけません。

でも、ときどき 夜遅く 食べて しまいます。

昨日も 友だちが 遊びに 来たから、一緒に ビールを 飲みながら、チキンを 食べて しまいました。

それで、今日は ジムに 行って、頑張って 運動を しました。

ダイエットは 前も した ことが ありますが、失敗してしまいました。でも、今度は 必ず ダイエットを して、海へ 遊びに 行きたい です。

みほさん、今年の 夏は 一緒に 海へ 遊びに 行きましょうね。

まりより

★ 위의 내용과 맞으면 O표, 틀리면 X표를 하세요.

❶ まりさんは 今年の 夏、海へ 行きたくて、今 ダイエットを しています。（　　）

❷ まりさんは 今日、友だちと ビールを 飲みながら、チキンを 食べました。（　　）

❸ まりさんは ダイエットを して やせた ことが あります。（　　）

最近 최근	太る 살찌다	ダイエット 다이어트

なかなか 좀처럼　　やせる 실빼다, 마르다

心配だ 걱정이다　昼 낮　　ときどき 때때로　　頑張る 열심히 하다　　失敗する 실패하다

今度 이번　　必ず 반드시　　今年 올해

Q 퀴즈 : 다음 그림은 일본의 전통 행사입니다.
각각의 그림에 해당하는 날을 고르세요.

❶ 

❷ 

❸ 

❹ 

(1) 七夕(たなばた)   (2) ひな祭(まつ)り   (3) こどもの日(ひ)   (4) 節分(せつぶん)

 **節分(せつぶん)** : 입춘 전날(2월 3일)에 콩을 뿌려서 악귀를 물리치고 복을 부르는 행사이다. 콩을 뿌릴 때 "도깨비는 밖으로, 복은 안으로(鬼(おに)は外(そと)、福(うち)は内)"라고 외치면서 던진다.

 **ひな祭(まつ)り** : 삼월 삼짇날(桃(もも)の節句(せっく))라고 해서 3월 3일에 여자아이가 건강하게 자라서 행복한 결혼생활을 할 수 있도록 기원하는 행사이다. 히나인형을 장식하고 치라시즈시(ちらしずし), 백주(白酒(ざけ)) 복숭아 꽃 등을 준비한다. 3월 3일이 지난 후에도 히나인형을 치우지 않으면 결혼이 늦어진다는 얘기가 있다.

 **七夕(たなばた)** : 7월 7일에 열리는 행사로, 일년에 한 번 견우와 직녀가 은하수 위에서 만나는 날이라고 전해져서, 이날에 소원을 적은 단자꾸(短冊(たんざく))를 대나무 잎에 매달고 별에게 소원을 빈다.

 **こどもの日(ひ)** : 어린이날은 [아이의 인격을 존중하고 아이의 행복을 바라며, 어머니에게 감사하는 날]로 1948년 정해졌다. 5월 5일은 단오절이라고 해서 남자 아이의 건강한 성장을 축하하는 날이었기 때문에 현재도 남자아이가 있는 집에서는 갑옷, 투구, 무사 인형, 잉어모양의 [こいのぼり]를 장식한다.

unit 09 필기시험

어휘

01 다음 단어의 의미를 써 보세요. (1문제 4점)

① 拾う

② 頼む

③ 踊る

④ つける

⑤ やせる

02 다음 단어를 일본어로 써 보세요. (1문제 4점)

① 살다

② 부르다

③ 웃다

④ 놓다, 두다

⑤ 늦다, 지각하다

01 다음 문장을 한국어로 해석해 보세요. (1문제 3점)

① 会社を　サボった　ことが　ありますか。
かいしゃ

____

② 着物は　まだ　着た　ことが　ありません。
き もの　　　　 き

____

③ 財布を　なくして　しまって、友だちに　お金を　借りた　ことが　あります。
さい ふ　　　　　　　　　　　　　 とも　　　 かね　 か

____

02 다음 문장을 일본어로 만들어 보세요. (1문제 5점)

① 수업에 늦어본 적이 있니?

____

② 외국에서 산적이 없습니다.

____

③ 일본 요리를 좋아하기 때문에 일본 요리를 배운 적이 있습니다.

____

01 다음 단어를 듣고 받아 써 보세요. (1문제 3점)

①　　　　　　　②　　　　　　　③

④　　　　　　　⑤　　　　　　　⑥

02 다음 문장을 듣고 받아 써 보세요. (1문제 6점)

①　___________________________________

②　___________________________________

③　___________________________________

어휘

01 다음 단어의 의미를 써 보세요.
(1문제 4점)

① 拾う

② 頼む

③ 踊る

④ つける

⑤ やせる

02 다음 단어를 일본어로 써 보세요.
(1문제 4점)

① 살다

② 부르다

③ 웃다

④ 놓다, 두다

⑤ 늦다, 지각하다

어휘 01

① 줍다 【한자】 拾^{ひろ}う
☞ 이 문제를 틀렸을 경우에는 P.161를 다시 한번 확인 학습해 주세요.

② 부탁하다 【한자】 頼^{たの}む
☞ 이 문제를 틀렸을 경우에는 P.164를 다시 한번 확인 학습해 주세요.

③ 춤추다 【한자】 踊^{おど}る
☞ 이 문제를 틀렸을 경우에는 P.127를 다시 한번 확인 학습해 주세요.

④ 켜다
☞ 이 문제를 틀렸을 경우에는 P.140를 다시 한번 확인 학습해 주세요.

⑤ 마르다 / 살빼다
☞ 이 문제를 틀렸을 경우에는 P.146를 다시 한번 확인 학습해 주세요.

어휘 02

① 住^すむ
☞ 이 문제를 틀렸을 경우에는 P.163를 다시 한번 확인 학습해 주세요.

② 呼^よぶ
☞ 이 문제를 틀렸을 경우에는 P.158를 다시 한번 확인 학습해 주세요.

③ 笑^{わら}う
☞ 이 문제를 틀렸을 경우에는 P.146를 다시 한번 확인 학습해 주세요.

④ 置^おく
☞ 이 문제를 틀렸을 경우에는 P.143를 다시 한번 확인 학습해 주세요.

⑤ 遅^{おく}れる
☞ 이 문제를 틀렸을 경우에는 P.129를 다시 한번 확인 학습해 주세요.

01 다음 문장을 한국어로 해석해 보세요.
(1문제 3점)

① 会社を サボった ことが ありますか。
____

② 着物は まだ 着た ことが ありません。
____

③ 財布を なくして しまって、友だちに
お金を 借りた ことが あります。
____

02 다음 문장을 일본어로 만들어 보세요.
(1문제 5점)

① 수업에 늦어본 적이 있니? ____________

② 외국에서 산 적이 없습니다.
____

③ 일본 요리를 좋아하기 때문에 일본 요리를
배운 적이 있습니다.
____

듣기

01 다음 단어를 듣고 받아 써 보세요. (1문제 3점)

① ☐ ② ☐

③ ☐ ④ ☐

⑤ ☐ ⑥ ☐

02 다음 문장을 듣고 받아 써 보세요.
(1문제 6점)

① ____________________

② ____________________

③ ____________________

쓰기 01

① 회사를 땡땡이 친적이 있습니까?
☞ 이 문제를 틀렸을 경우에는 P.161를 다시 한번 확인 학습해 주세요.

② 기모노는 아직 입어 본 적이 없습니다
☞ 이 문제를 틀렸을 경우에는 P.159를 다시 한번 확인 학습해 주세요.

③ 지갑을 잃어버리고 말아서, 친구에게 돈을 빌린 적이 있습니다.
☞ 이 문제를 틀렸을 경우에는 P.129,159를 다시 한번 확인 학습해 주세요.

쓰기 02

① 授業に 遅れた ことが ある。
☞ 이 문제를 틀렸을 경우에는 P.159를 다시 한번 확인 학습해 주세요.

② 外国に 住んだ ことが ありません。
☞ 이 문제를 틀렸을 경우에는 P.163를 다시 한번 확인 학습해 주세요.

③ 日本料理が 好きだから、日本料理を 習った ことが あります。
日本料理が 好きですから、日本料理を 習った ことが あります。
☞ 이 문제를 틀렸을 경우에는 P.163를 다시 한번 확인 학습해 주세요.

듣기 01

① げいのうじん [뜻] 연예인 [한자] 芸能人
☞ 이 문제를 틀렸을 경우에는 P.163를 다시 한번 확인 학습해 주세요.

② しんだ [뜻] 죽었다 [한자] 死んだ
☞ 이 문제를 틀렸을 경우에는 P.158를 다시 한번 확인 학습해 주세요.

③ かつどん [뜻] 가츠동(돈까스 덮밥)
☞ 이 문제를 틀렸을 경우에는 P.163를 다시 한번 확인 학습해 주세요.

④ みせた [뜻] 보여주었다 [한자] 見せた
☞ 이 문제를 틀렸을 경우에는 P.158를 다시 한번 확인 학습해 주세요.

⑤ がいこく [뜻] 외국 [한자] 外国
☞ 이 문제를 틀렸을 경우에는 P.163를 다시 한번 확인 학습해 주세요.

⑥ ばんぐみ [뜻] 방송 프로그램 [한자] 番組
☞ 이 문제를 틀렸을 경우에는 P.163를 다시 한번 확인 학습해 주세요.

듣기 02

① 着物を 着た ことが ありますか。 기모노를 입어 본 적이 있습니까?
☞ 이 문제를 틀렸을 경우에는 P.159를 다시 한번 확인 학습해 주세요.

② 家族と 海外旅行に 行った ことが あります。
가족과 해외 여행을 간 적이 있습니다.
☞ 이 문제를 틀렸을 경우에는 P.163를 다시 한번 확인 학습해 주세요.

③ 日本料理を 作った ことが ありません。
일본 요리를 만든 적이 없습니다.
☞ 이 문제를 틀렸을 경우에는 P.163를 다시 한번 확인 학습해 주세요.

unit 10

花火を 見たり、まつりに 行ったり しました。

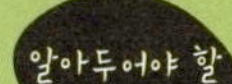

□ 眠い 時は コーヒーを 飲んだり、顔を 洗ったりします。

졸릴 때는 커피를 마시거나, 세수를 하거나 합니다.

□ テストは 昨日 終わった ばかりです。 시험은 어제 막 끝났습니다.

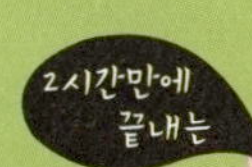

2시간만에 끝내는
독학 Plan

	학습 항목	학습 시간	학습 체크			학습 메모
1	동영상 또는 오디오 강의 수강	15분	□1회	□2회	□3회	
2	요것만은 꼭꼭 Point (174~175p)	15분	□1회	□2회	□3회	
3	실전처럼 술술 Speaking (176~179p)	15분	□1회	□2회	□3회	
4	회화실력 쑥쑥 Conversation (180~181p)	15분	□1회	□2회	□3회	
5	내 귀에 쏙쏙 Listening (182~183p)	15분	□1회	□2회	□3회	
6	듣고 말하기 훈련용 MP3 S10_02,03	15분	□1회	□2회	□3회	
7	10과 필기시험 (184~187p)	30분	□50점 미만	□51~80점	□81~100점	

50점 미만 Unit 전체 1~2회 반복 학습
51점~80점 틀린 부분 다시 학습
81점~100점 다음 Unit 진행 OK~!!

－하거나 －하거나 한다

01　~たり　~たりする

✚ [~たり　~たりする]는 [~하거나　~하거나 한다]의 의미로 여러가지 동작들 중에서 대표적인 동작 몇 가지를 예로 들어서 나타낼 때 사용하는 표현입니다.

✚ 과거형인 [た형]을 활용하기 때문에 예전에 일어난 동작의 나열로 혼동하기 쉽지만, 문장 끝에 오는 시제에 따라서 과거의 동작뿐 아니라 현재의 동작에도 모두 사용하는 표현입니다.

週末は　友だちと　ごはんを　食べたり、買い物を　したりします。

주말은 친구와 밥을 먹거나, 쇼핑을 하거나 합니다.

眠い　時は　コーヒーを　飲んだり、顔を　洗ったりします。

졸릴 때는 커피를 마시거나, 세수를 하거나 합니다.

夏休みは　旅行に　行ったり、プールで　泳いだりしました。

여름휴가는 여행을 가거나, 풀장에서 수영하거나 했습니다.

□ 週末 주말
□ 友だち 친구
□ ごはん 밥
□ 食べる 먹다
□ 買い物 쇼핑
□ 眠い 졸리다
□ 時 때
□ コーヒー 커피
□ 飲む 마시다
□ 顔 얼굴
□ 洗う 씻다
□ 夏休み 여름방학
□ 旅行 여행
□ 行く 가다
□ プール 수영장
□ 泳ぐ 수영하다

02 ~た ばかりだ

+ [た형]에 [~ばかりだ]를 붙여서 [~한지 얼마 안됐다]라는 의미의 이 문형은 어떤 동작을 하고 나서 그다지 시간이 지나지 않았음을 나타내는 표현입니다.

+ [어제] [지난 주]처럼 시간의 폭이 다른 것과도 함께 사용할 수 있는 것은 실제의 시간과는 관계없이 말하는 사람이 그 기간을 짧다고 느끼면 사용할 수 있는 표현입니다.

□ テスト 시험
□ 昨日 어제
□ 終わる 끝나다
□ この 이
□ パソコン 컴퓨터
□ 先週 지난 주
□ 買う 사다
□ 韓国 한국
□ 来る 오다
□ 韓国語 한국어
□ 上手だ 잘하다

テストは 昨日 終わった ばかりです。　　　　시험은 어제 막 끝났습니다.

この パソコンは 先週 買った ばかりです。

이 컴퓨터는 지난주에 막 샀습니다.

鈴木さんは 韓国に 来た ばかりですから、
韓国語が 上手じゃありません。

스즈키 씨는 한국에 온 지 얼마 안됐기 때문에 한국어를 잘 못합니다.

01 다음 예와 같이 말해 보세요.

예 恋人と 映画を 見る / 買い物を する

A: 週末は 何を しますか。

B: 恋人と 映画を 見たり、買い物を したりします。

❶ 友だちと おしゃべりを する / 雑誌を 読む

A: 暇な時は 何を しますか。

B:

❷ 日記を 書く / 友だちに メールを 送る

A: 夜は 何を しますか。

B:

❸ 昼寝を する / 料理を 作る

A: 休みの日は 何を しますか。

B:

❹ 犬と 遊ぶ / 友だちに 会う

A: 昨日は 何を しましたか。

B:

❺ ジムに 行く / 山に 登る

A: 夏休みに 何を しましたか。

B:

풀이 노트 **01**

S10_02

예
恋人と 映画を 見る / 買い物を する
A: 週末は 何を しますか。 주말은 무엇을 합니까?
B: 恋人と 映画を 見たり、買い物を したりします。
애인과 영화를 보거나 쇼핑을 하거나 합니다.

① 友だちと おしゃべりを する / 雑誌を 読む
A: 暇な時は 何を しますか。 한가할 때는 무엇을 합니까?
B: 友だちと おしゃべりを したり、雑誌を 読んだりします。
친구와 수다를 떨거나 잡지를 읽거나 합니다.

② 日記を 書く / 友だちに メールを 送る
A: 夜は 何を しますか。 저녁에는 무엇을 합니까?
B: 日記を 書いたり、友だちに メールを 送ったりします。
일기를 쓰거나 친구에게 메일을 보내거나 합니다.

③ 昼寝を する / 料理を 作る
A: 休みの日は 何を しますか。 쉬는 날에는 무엇을 합니까?
B: 昼寝を したり、料理を 作ったりします。
낮잠을 자거나 요리를 만들거나 합니다.

④ 犬と 遊ぶ / 友だちに 会う
A: 昨日は 何を しましたか。 어제는 무엇을 했습니까?
B: 犬と 遊んだり、友だちに 会ったりしました。
개와 놀거나 친구를 만나거나 했습니다.

⑤ ジムに 行く / 山に 登る
A: 夏休みに 何を しましたか。 여름 방학에 무엇을 했습니까?
B: ジムに 行ったり、山に 登ったりしました。
헬스클럽에 가거나 산에 오르거나 했습니다.

□ 恋人 애인
□ 映画 영화
□ 見る 보다
□ 買い物 쇼핑
□ する 하다
□ 週末 주말
□ 友だち 친구
□ おしゃべりを する 수다를 떨다
□ 雑誌 잡지
□ 読む 읽다
□ 暇だ 한가하다
□ 時 때
□ 日記 일기
□ 書く 쓰다
□ メール 메일
□ 送る 보내다
□ 夜 저녁, 밤
□ 昼寝を する 낮잠을 자다
□ 料理 요리
□ 作る 만들다
□ 休みの日 쉬는 날
□ 犬 개
□ 遊ぶ 놀다
□ 会う 만나다
□ 昨日 어제
□ ジム 헬스클럽
□ 行く 가다
□ 山 산
□ 登る 오르다
□ 夏休み 여름방학

예 そうじを する / さっき、そうじを する / 部屋が きれいだ

A: いつ、そうじを しましたか。
B: さっき、そうじを したばかりですから、部屋が きれいです。

❶ 日本語を 始める / 先月、始める / まだ 下手だ 

❷ 昼ごはんを 食べる / さっき、食べる / おなかが いっぱいだ 

❸ この 車を 買う / 去年、買う / まだ 新しい 

❹ 会社に 入る / 3ヵ月 前に 入る / 毎日 忙しい 

❺ 韓国に 来る / 半年前に 来る / まだ 韓国語が 難しい

풀이 노트 02

 S10_03

> 예 そうじを する / さっき、そうじを する / 部屋が きれいだ
>
> A: いつ、そうじを しましたか。 언제, 청소를 했습니까?
>
> B: さっき、そうじを したばかりですから、部屋が きれいです。
> 좀 전에 청소를 막 했기 때문에 방이 깨끗합니다.

① 日本語を 始める / 先月、始める / まだ 下手だ

A: いつ、日本語を 始めましたか。 언제, 일본어를 시작했습니까?

B: 先月、始めたばかりですから、まだ 下手です。
지난 달, 막 시작했기 때문에 아직 잘 못합니다.

② 昼ごはんを 食べる / さっき、食べる / おなかが いっぱいだ

A: いつ、昼ごはんを 食べましたか。 언제 점심을 먹었습니까?

B: さっき、食べたばかりですから、おなかが いっぱいです。
좀 전에 막 먹었기 때문에, 배가 부릅니다.

③ この 車を 買う / 去年、買う / まだ 新しい

A: いつ、この 車を 買いましたか。 언제, 이 차를 샀습니까?

B: 去年、買ったばかりですから、まだ 新しいです。
작년에 샀기 때문에 아직 새것입니다.

④ 会社に 入る / 3ヵ月 前に 入る / 毎日 忙しい

A: いつ、会社に 入りましたか。 언제 회사에 들어갔습니까?

B: 3ヵ月 前に 入ったばかりですから、毎日 忙しいです。
3개월 전에 들어갔기 때문에 매일 바쁩니다.

⑤ いつ、韓国に 来る / 半年 前に 来る / まだ 韓国語が 難しい

A: いつ、韓国に 来ましたか。 언제 한국에 왔습니까?

B: 半年 前に 来たばかりですから、まだ 韓国語が 難しいです。
반 년 전에 왔기때문에 아직 한국어가 어렵습니다.

- □ そうじ 청소
- □ さっき 좀 전, 아까
- □ 部屋 방
- □ きれいだ 깨끗하다
- □ いつ 언제
- □ 日本語 일본
- □ 始める 시작하다
- □ 先月 지난 달
- □ まだ 아직
- □ 下手だ 서툴다, 잘 못하다
- □ 昼ごはん 점심(밥)
- □ 食べる 먹다
- □ おなかが いっぱいだ 배가 부르다
- □ 車 차
- □ 買う 사다
- □ 去年 작년
- □ 新しい 새롭다
- □ 会社 회사
- □ 入る 들어가다
- □ 前 전, 앞
- □ 毎日 매일
- □ 忙しい 바쁘다
- □ 韓国 한국
- □ 来る 오다
- □ 半年 반 년
- □ 難しい 어렵다

● Track 29

キム 山田さん、先週末は 何を しましたか。

山田 久しぶりに 日本に 帰りました。

とても 楽しかったです。

キム うらやましいですね。日本に 行って 何を しましたか。

山田 夏ですから、花火を 見たり、ゆかたを 着て まつりに 行ったり
しました。キムさんは 何を しましたか。

キム 私は うちで ごろごろしたり、テレビを 見たりしました。

山田 ずっと、うちに いましたか。

キム はい、大変な 仕事が 終わった ばかりですから、

ずっとうちで 休みました。

김민수 야마다 씨, 지난 주말에는 무엇을 했습니까?

야마다 오랜만에 일본에 갔습니다.
아주 즐거웠습니다.

김민수 부럽네요, 일본에 가서 무엇을 했습니까?

야마다 여름이니까, 불꽃놀이를 보거나, 유가타를 입고 축제(마쯔리)에 가거나 했습니다.
김민수 씨는 무엇을 했습니까?

김민수 저는 집에서 빈둥빈둥거리거나, 텔레비전을 보거나 했습니다.

야마다 계속 집에 있었습니까?

김민수 예, 힘든 일이 막 끝났기 때문에, 계속 집에서 쉬었습니다.

어휘 표현

□ 先週末 지난 주말　□ 久しぶりに 오랜만에　■ うらやましい 부럽다　■ 花火 불꽃놀이
□ ゆかた 유카타(여름에 입는 전통옷)　■ 着る 입다　■ まつり 축제(마쯔리)　□ ごろごろする 빈둥빈둥거리다
□ ずっと 계속, 쭉　□ いる 있다　■ 大変だ 힘들다　□ 終わる 끝나다

01 ～時 (~때)

◆ 명사 : 명사 + の + 時

A : これは 何ですか。 (이것은 무엇입니까?)
B : 高校の時の写真です。 (고등학교때의 사진입니다)

◆ い형용사 : 기본형 + 時

A : 眠い 時は 何を しますか。 (졸릴 때는 무엇을 합니까?)
B : コーヒーを 飲んだり、顔を 洗ったりします。 (커피를 마시거나 세수를 하거나 합니다)

◆ な형용사 : 어간 + な + 時

A : 暇な時は 何を しますか。 (한가 할때는 무엇을 합니까?)
B : 雑誌を 読んだり、テレビを 見たりします。 (잡지를 읽거나 텔레비전을 보거나 합니다)

02 ごろごろする (빈둥빈둥 거리다)

ごろごろ : 원래의 의미는 [데굴데굴]로 크고 무거운 물건이 구르는 소리나 모양을 나타냅니다.
집안에서 이리저리 굴러 다니는 모습을 비유해서 사용하는 표현입니다.

A : 週末は 何をしましたか。 (주말에는 무엇을 했습니까?)
B : うちで ごろごろしたり、テレビを 見たりしました。

(집에서 빈둥빈둥거리거나 텔레비전을 보거나 했습니다)

** 주사위나 공기돌 등 작은 물건이 굴러가는 가벼운 소리나 모양은 [ころころ(떼굴떼굴)]이라고
표현합니다.

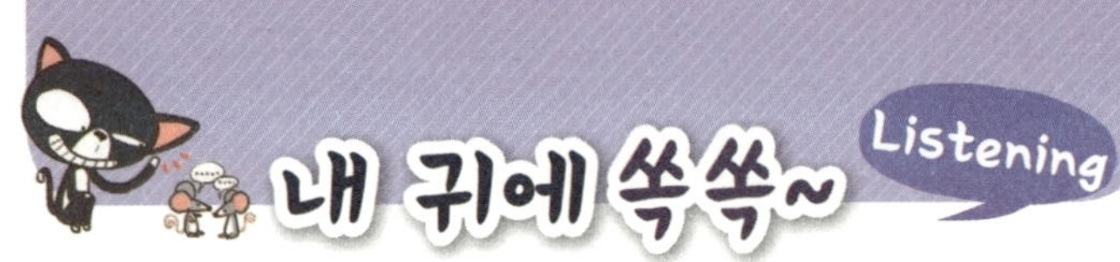

01 다음을 듣고 예 처럼 맞는 것을 찾아 번호를 써 넣으세요.

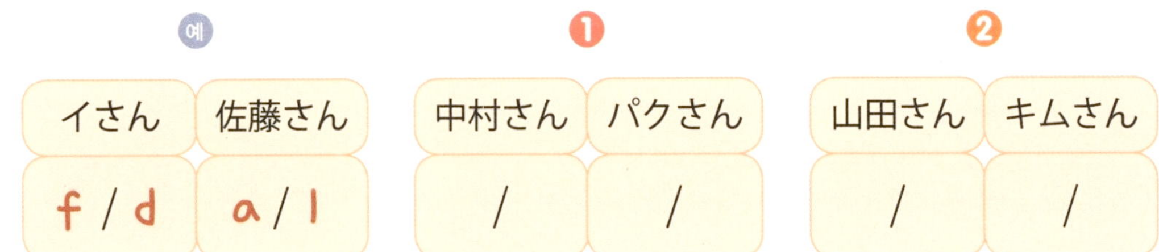

예		❶		❷	
イさん	佐藤さん	中村さん	パクさん	山田さん	キムさん
f / d	a / l	/	/	/	/

<table>
<tr><td>a</td><td>b</td><td>c</td><td>d</td></tr>
<tr><td>e</td><td>f</td><td>g</td><td>h</td></tr>
<tr><td>i</td><td>j</td><td>k</td><td>l</td></tr>
</table>

풀이 노트 01

예
A: イさんは 暇な 時は 何を しますか。
이 씨는 한가할 때는 무엇을 합니까?

B: 散歩したり、本を 読んだりします。산책하거나, 책을 읽거나 합니다.
佐藤さんは 何を しますか。사토 씨는 무엇을 합니까?

A: 私は 友だちに 電話を かけたり、うちで 音楽を
聞いたりします。저는 친구에게 전화를 걸거나, 집에서 음악을 듣거나 합니다.

① A: 中村さんは 眠い 時は 何を しますか。
나카무라 씨는 졸릴 때는 무엇을 합니까?

B: メールを 送ったり、テレビを 見たり します。
메일을 보내거나, 텔레비전을 보거나 합니다.

パクさんは どうですか。박 씨는 어떻습니까?

A: 私は 顔を 洗ったり、コーヒーを 飲んだりします。
저는 세수를 하거나, 커피를 마시거나 합니다.

② A: 山田さんは、週末は 何を しましたか。
야마다 씨는 주말은 무엇을 했습니까?

B: 私は、料理を 作ったり、友だちの 宿題を 手伝ったり
しました。저는 요리를 만들거나 친구의 숙제를 도와주거나 했습니다.

キムさんは。김 씨는요?

A: アルバイトを したり、うちで ゆっくり 休んだりしました。
아르바이트를 하거나 집에서 느긋하게 쉬거나 했습니다.

정답 : ❶ 中村さん : c / j   パクさん : e / k
     ❷ 山田さん : b / g   キムさん : h / i

- □ 暇だ 한가하다
- □ 時 때
- □ 散歩 산책
- □ 本 책
- □ 読む 읽다
- □ 友だち 친구
- □ 電話 전화
- □ かける 걸다
- □ うち 집
- □ 音楽 음악
- □ 聞く 듣다
- □ 眠い 졸리다
- □ メール 메일
- □ 送る 보내다
- □ テレビ 텔레비전
- □ 見る 보다
- □ 顔 얼굴
- □ 洗う 씻다
- □ コーヒー 커피
- □ 飲む 마시다
- □ 週末 주말
- □ 料理 요리
- □ 作る 요리
- □ 宿題 숙제
- □ 手伝う 돕다
- □ アルバイト 아르바이트
- □ うち 집
- □ ゆっくり 느긋하게, 천천히
- □ 休む 쉬다

제한 시간
30분

☐ 1회 점수 :   / 100
☐ 2회 점수 :   / 100
☐ 3회 점수 :   / 100

01 다음 단어의 의미를 써 보세요. (1문제 4점)

① 始める

② 登る

③ 浴びる

④ 聞く

⑤ 手伝う

02 다음 단어를 일본어로 써 보세요. (1문제 4점)

① 씻다

② 부탁하다

③ 끝나다

④ 보내다

⑤ 놀다

01 다음 문장을 한국어로 해석해 보세요. (1문제 3점)

① 休みの日は 昼寝を したり、音楽を 聞きながら そうじを
したりします。

② ３ヵ月前に 会社に 入った ばかりですから、毎日 忙しいです。

③ やせたいですから、ジムで 運動を したり、山に 登ったりします。

02 다음 문장을 일본어로 만들어 보세요. (1문제 5점)

① 한가할 때는 친구와 쇼핑하러 가거나, 영화를 보거나 합니다.

② 힘든 일이 끝난지 얼마 안됐기 때문에, 계속 집에서 쉬었습니다.

③ 어제는 도서관에서 잡지를 읽거나, 리포트를 쓰거나 했습니다.

◉ Test 10

01 다음 단어를 듣고 받아 써 보세요. (1문제 3점)

①   ②   ③

④   ⑤   ⑥

02 다음 문장을 듣고 받아 써 보세요. (1문제 6점)

①

②

③

어휘

01 다음 단어의 의미를 써 보세요.
(1문제 4점)

① 始める

② 登る

③ 浴びる

④ 聞く

⑤ 手伝う

02 다음 단어를 일본어로 써 보세요.
(1문제 4점)

① 씻다

② 부탁하다

③ 끝나다

④ 보내다

⑤ 놀다

어휘 01

① 시작하다 　【한자】 始める
　☞ 이 문제를 틀렸을 경우에는 P.179를 다시 한번 확인 학습해 주세요.

②(산에) 오르다 　【한자】 登る
　☞ 이 문제를 틀렸을 경우에는 P.177를 다시 한번 확인 학습해 주세요.

③(샤워를) 하다 　【한자】 浴びる
　☞ 이 문제를 틀렸을 경우에는 P.145를 다시 한번 확인 학습해 주세요.

④ 듣다 / 묻다 　【한자】 聞く
　☞ 이 문제를 틀렸을 경우에는 P.183를 다시 한번 확인 학습해 주세요.

⑤ 돕다 / 거들다 　【한자】 手伝う
　☞ 이 문제를 틀렸을 경우에는 P.111를 다시 한번 확인 학습해 주세요.

어휘 02

① 洗う
　☞ 이 문제를 틀렸을 경우에는 P.174를 다시 한번 확인 학습해 주세요.

② 頼む
　☞ 이 문제를 틀렸을 경우에는 P.164를 다시 한번 확인 학습해 주세요.

③ 終わる
　☞ 이 문제를 틀렸을 경우에는 P.175를 다시 한번 확인 학습해 주세요.

④ 送る
　☞ 이 문제를 틀렸을 경우에는 P.177를 다시 한번 확인 학습해 주세요.

⑤ 遊ぶ
　☞ 이 문제를 틀렸을 경우에는 P.177를 다시 한번 확인 학습해 주세요.

01 다음 문장을 한국어로 해석해 보세요.
(1문제 3점)

① 休みの日は 昼寝を したり、音楽を
聞きながら そうじを したりします。

____

② ３ヵ月前に 会社に 入った ばかり
ですから、毎日 忙しいです。

____

③ やせたいですから、ジムで 運動を
したり、山に 登ったりします。

____

02 다음 문장을 일본어로 만들어 보세요.
(1문제 5점)

① 한가할 때는 친구와 쇼핑하러 가거나,
영화를 보거나 합니다.

____

② 힘든 일이 끝난지 얼마 안됐기 때문에,
계속 집에서 쉬었습니다.

____

③ 어제는 도서관에서 잡지를 읽거나,
리포트를 쓰거나 했습니다.

____

01 다음 단어를 듣고 받아 써 보세요. (1문제 3점)

①　　　　　　②

③　　　　　　④

⑤　　　　　　⑥

02 다음 문장을 듣고 받아 써 보세요.
(1문제 6점)

①_______________________________

②_______________________________

③_______________________________

① 쉬는 날은 낮잠을 자거나, 음악을 들으면서 청소를 하거나 합니다.
☞ 이 문제를 틀렸을 경우에는 P.177를 다시 한번 확인 학습해 주세요.

②3개월 전에 회사에 들어왔기 때문에, 매일 바쁩니다.
☞ 이 문제를 틀렸을 경우에는 P.179를 다시 한번 확인 학습해 주세요.

③살 빼고 싶기 때문에, 헬스클럽에서 운동을 하거나,
산에 오르거나 합니다.
☞ 이 문제를 틀렸을 경우에는 P.177를 다시 한번 확인 학습해 주세요.

① 暇なときは 友だちと 買い物に 行ったり、
映画を 見たりします。
☞ 이 문제를 틀렸을 경우에는 P.174를 다시 한번 확인 학습해 주세요.

②大変な 仕事が 終わった ばかりですから、ずっと
うちで 休みました。
☞ 이 문제를 틀렸을 경우에는 P.180를 다시 한번 확인 학습해 주세요.

③昨日は 図書館で 雑誌を 読んだり、レポートを
書いたりしました。
☞ 이 문제를 틀렸을 경우에는 P.177를 다시 한번 확인 학습해 주세요.

①ずっと　[뜻] 계속
☞ 이 문제를 틀렸을 경우에는 P.180를 다시 한번 확인 학습해 주세요.

②ざっし　[뜻] 잡지　[한자] 雑誌
☞ 이 문제를 틀렸을 경우에는 P.177를 다시 한번 확인 학습해 주세요.

③にっき　[뜻] 일기　[한자] 日記
☞ 이 문제를 틀렸을 경우에는 P.177를 다시 한번 확인 학습해 주세요.

④そうじ　[뜻] 청소
☞ 이 문제를 틀렸을 경우에는 P.179를 다시 한번 확인 학습해 주세요.

⑤うらやましい　[뜻] 부럽다
☞ 이 문제를 틀렸을 경우에는 P.180를 다시 한번 확인 학습해 주세요.

⑥きょねん　[뜻] 작년　[한자] 去年
☞ 이 문제를 틀렸을 경우에는 P.179를 다시 한번 확인 학습해 주세요.

①この 料理は さっき 作った ばかりです。이 요리는 조금 전에 막 만들었습니다.
☞ 이 문제를 틀렸을 경우에는 P.175를 다시 한번 확인 학습해 주세요.

②夏休みは 旅行に 行ったり、プールで 泳いだりしました。
여름 방학은 여행을 가거나, 수영장에서 수영하거나 했습니다.
☞ 이 문제를 틀렸을 경우에는 P.174를 다시 한번 확인 학습해 주세요.

③半年前に 韓国に 来たばかりですから、韓国語は まだ 上手じゃありません。
반년 전에 한국에 왔기 때문에(한국에 온지 반년 밖에 안되었기 때문에), 한국어는 아직 잘하지 못합니다.
☞ 이 문제를 틀렸을 경우에는 P.175를 다시 한번 확인 학습해 주세요.

unit 11

パソコンは 使<ruby>つか</ruby>わないで ください。

- [ ] **ない형** 익히기
- [ ] **형용사의 부사형** 익히기
- [ ] 店の 前に ごみを 捨て**ないで** ください。 가게 앞에 쓰레기를 버리지 마세요.

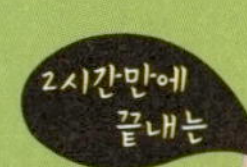

독학 Plan

	학습 항목	학습 시간	학습 체크			학습 메모
1	동영상 또는 오디오 강의 수강	15분	☐ 1회	☐ 2회	☐ 3회	
2	요것만은 꼭꼭 Point (190~191p)	15분	☐ 1회	☐ 2회	☐ 3회	
3	실전처럼 술술 Speaking (192~197p)	15분	☐ 1회	☐ 2회	☐ 3회	
4	회화실력 쑥쑥 Conversation (198~199p)	15분	☐ 1회	☐ 2회	☐ 3회	
5	내 귀에 쏙쏙 Listening (200~201p)	15분	☐ 1회	☐ 2회	☐ 3회	
6	듣고 말하기 훈련용 MP3 ◎ S11_02,03,04	15분	☐ 1회	☐ 2회	☐ 3회	
7	11과 필기시험 (202~205p)	30분	☐ 50점 미만	☐ 51~80점	☐ 81~100점	

50점 미만 Unit 전체 1~2회 반복 학습
51점~80점 틀린 부분 다시 학습
81점~100점 다음 Unit 진행 OK~!!

-하지 않는다

01 ~ない형(부정형)

+ [ない형]은 [~하지 않는다]라는 의미의 보통체의 부정 표현입니다.

+ 동사 [ある]는 1그룹동사지만 예외적으로 변화하기 때문에 주의해야 합니다.

行く 가다
急ぐ 서두르다
なくす 잃어버리다
待つ 기다리다
死ぬ 죽다
呼ぶ 부르다
飲む 마시다
座る 앉다
使う 사용하다
ある 있다
借りる 빌리다
捨てる 버리다
忘れる 잊어버리다
来る 오다
する 하다

		기본형	ない형
1그룹동사	어미 あ단 + ない (예외 う ➡ わ)	行く	行かない
		急ぐ	急がない
		なくす	なくさない
		待つ	待たない
		死ぬ	死なない
		呼ぶ	呼ばない
		飲む	飲まない
		座る	座らない
	예외	使う	使わない
	***	ある	ない
2그룹동사	る + ない	借りる	借りない
		捨てる	捨てない
		忘れる	忘れない
3그룹동사		来る	来ない
		する	しない

－하지 마세요

02 ~ないで ください

+ [~하지 마세요]라는 의미로 상대방에게 어떤 동작을 하지 않도록 부탁하거나 지시할 때 사용하는 표현입니다.

+ [ない형]은 [~て ください]가 아니라 [~で ください]를 붙이는 것에 주의해야 합니다.

教室の 中で、タバコを 吸わないで ください。

교실 안에서 담배를 피우지 마세요.

店の 前に ごみを 捨てないで ください。

가게 앞에 쓰레기를 버리지 마세요.

風邪だから、無理を しないで ください。　감기니까, 무리를 하지 마세요.

□ 教室 교실
□ 中 안
□ タバコ 담배
□ 吸う 피우다
□ 店 가게
□ 前 전
□ ごみ 쓰레기
□ 捨てる 버리다
□ 風邪 감기
□ 無理 무리

－하게

03 형용사의 부사형

+ [い형용사] [な형용사]가 동사를 수식할 때는 부사로 만들어서 사용해야 합니다.

> い형용사 : 어간 (い) + く
> な형용사 : 어간 (だ) + に

毎日、早く 起きます。　매일 일찍 일어납니다.

見えないから、大きく 書いて ください。　안 보이니까, 크게 써 주세요.

図書館では 静かに して ください。　도서관에서는 조용히 해 주세요.

部屋を きれいに そうじしました。　방을 깨끗하게 청소했습니다.

□ 毎日 매일
□ 早く 일찍, 빨리
□ 起きる 일어나다
□ 見える 보이다
□ 大きい 크다
□ 書く 쓰다
□ 図書館 도서관
□ 静かだ 조용하다
□ 部屋 방
□ きれいだ 깨끗하다
□ そうじする 청소하다

01 다음 예와 같이 말해 보세요.

예 毎日、テレビ、見る

A: 毎日、テレビ、見る。

B: うん、見る。

ううん、見ない。

❶

コーヒー、飲む

❷

今日、友だちに 会う

❸

明日、学校へ 来る

❹

週末、約束、ある

❺

よく、辛い 物、食べる

풀이 노트 01

 ◎ S11_02

> 예　毎日（まいにち） / テレビ / 見（み）る
>
> A: 毎日（まい）、テレビ、見（み）る。 매일 텔레비전 보니?
>
> B: うん、見（み）る。 응, 봐.
>
> 　ううん、見（み）ない。 아니, 안 봐.

① コーヒー / 飲（の）む

A: コーヒー、飲（の）む。 커피 마시니?

B: うん、飲（の）む。 응, 마셔.

　ううん、飲（の）まない。 아니, 안 마셔.

② 今日（きょう） / 友（とも）だちに 会（あ）う

A: 今日（きょう）、友（とも）だちに 会（あ）う。 오늘, 친구를 만나니?

B: うん、会（あ）う。 응, 만나.

　ううん、会（あ）わない。 아니, 안 만나.

③ 明日（あした） / 学校（がっこう）へ 来（く）る

A: 明日（あした）、学校（がっこう）へ 来（く）る。 내일, 학교에 오니?

B: うん、来（く）る。 응, 와.

　ううん、来（こ）ない。 아니, 안 와.

④ 週末（しゅうまつ） / 約束（やくそく） / ある

A: 週末（しゅうまつ）、約束（やくそく）、ある。 주말에 약속 있니?

B: うん、ある。 응, 있어.

　ううん、ない。 아니, 없어.

⑤ よく / 辛（から）い 物（もの） / 食（た）べる

A: よく、辛（から）い 物（もの）、食（た）べる。 자주 매운 것 먹니?

B: うん、食（た）べる。 응, 먹어.

　ううん、食（た）べない。 아니, 안 먹어.

단어

- □ 毎日（まいにち） 매일
- □ テレビ 텔레비전
- □ 見（み）る 보다
- □ コーヒー 커피
- □ 飲（の）む 마시다
- □ 今日（きょう） 오늘
- □ 友（とも）だち 친구
- □ 会（あ）う 만나다
- □ 明日（あした） 내일
- □ 学校（がっこう） 학교
- □ 来（く）る 오다
- □ 週末（しゅうまつ） 주말
- □ 約束（やくそく） 약속
- □ ある 있다
- □ よく 자주, 잘
- □ 辛（から）い 物（もの） 매운 것
- □ 食（た）べる 먹다

실전처럼 술술~

02 다음 예와 같이 말해 보세요.

예 窓を 開ける / 寒い

A: 窓を 開けても いいですか。
B: 寒いから、窓を 開けないで ください。

❶ ここで 遊ぶ / 危ない

❷ 犬を 連れてくる / 犬が 嫌いだ

❸ ごみを 捨てる / 店の 前だ

❹ 電話に 出る / 授業中だ

❺ お風呂に 入る / 熱が ある

풀이 노트 02

◎ S11_03

[예] 窓を 開ける / 寒い
A: 窓を 開けても いいですか。 창문을 열어도 됩니까?
B: 寒いから、窓を 開けないで ください。
　　추우니까, 창문을 열지 마세요.

---

① ここで 遊ぶ / 危ない
A: ここで 遊んでも いいですか。 여기에서 놀아도 됩니까?
B: 危ないから、ここで 遊ばないで ください。
　　위험하니까, 여기에서 놀지 마세요.

② 犬を 連れてくる / 犬が 嫌いだ
A: 犬を 連れてきても いいですか。 개를 데리고 와도 됩니까?
B: 犬が 嫌いだから、犬を 連れてこないで ください。
　　개를 싫어하니까, 개를 데리고 오지 마세요.

③ ごみを 捨てる / 店の 前だ
A: ごみを 捨てても いいですか。 쓰레기를 버려도 됩니까?
B: 店の 前だから、ごみを 捨てないで ください。
　　가게 앞이니까, 쓰레기를 버리지 마세요.

④ 電話に 出る / 授業中だ
A: 電話に 出ても いいですか。 전화를 받아도 됩니까?
B: 授業中だから、電話に 出ないで ください。
　　수업중이니까, 전화를 받지 마세요.

⑤ お風呂に 入る / 熱が ある
A: お風呂に 入っても いいですか。 목욕을 해도 됩니까?
B: 熱が あるから、お風呂に 入らないで ください。
　　열이 있으니까, 목욕을 하지 마세요.

단어

□ 窓 창문
□ 開ける 열다
□ 寒い 춥다
□ ここ 여기
□ 遊ぶ 놀다
□ 危ない 위험하다
□ 犬 개
□ 嫌いだ 싫어하다
□ 連れてくる 데리고 오다
□ ごみ 쓰레기
□ 捨てる 버리다
□ 店 가게
□ 前 앞
□ 電話に 出る 전화를 받다
□ 授業中 수업중
□ お風呂に 入る 목욕을 하다
□ 熱 열
□ ある 있다

03 다음 예와 같이 말해 보세요.

예 大きい / 作る

A: 大きく 作って ください。

B: はい、わかりました。大きく 作ります。

❶ 短い / 切る

❷ 早い / 学校へ 来る

❸ きれいだ / 洗う

❹ 簡単だ / 話す

❺ 真面目だ / 勉強を する

풀이 노트 **03**

◎ S11_04

□ 大きい 크다
□ 作る 만들다
□ 短い 짧다
□ 切る 자르다
□ 早い 이르다, 빠르다
□ 学校 학교
□ 来る 오다
□ きれいだ 깨끗하다
□ 洗う 씻다
□ 簡単だ 간단하다
□ 話す 이야기하다
□ 真面目だ 성실하다
□ 勉強 공부

예 大きい / 作る
A: 大きく 作って ください。 크게 만들어 주세요.
B: はい、わかりました。大きく 作ります。
네, 알겠습니다. 크게 만들겠습니다.

① 短い / 切る
A: 短く 切って ください。 짧게 잘라 주세요.
B: はい、わかりました。短く 切ります。
네, 알겠습니다. 짧게 자르겠습니다.

② 早い / 学校へ 来る
A: 早く 学校へ 来て ください。 일찍 학교에 와 주세요.
B: はい、わかりました。早く 学校へ 来ます。
네, 알겠습니다. 일찍 학교에 오겠습니다.

③ きれいだ / 洗う
A: きれいに 洗って ください。 깨끗하게 씻어 주세요.
B: はい、わかりました。きれいに 洗います。
네, 알겠습니다. 깨끗하게 씻겠습니다.

④ 簡単だ / 話す
A: 簡単に 話して ください。 간단하게 이야기해 주세요.
B: はい、わかりました。簡単に 話します。
네, 알겠습니다. 간단하게 이야기하겠습니다.

⑤ 真面目だ / 勉強を する
A: 真面目に 勉強を して ください。 성실히 공부를 해 주세요.
B: はい、わかりました。真面目に 勉強を します。
네, 알겠습니다. 성실히 공부를 하겠습니다.

Track 32

先生　今日は 韓国語で 作文を 書きましょう。

テーマは「韓国での 生活」です。

山田　短い 作文は だめですか。

先生　はい、いろいろな 単語を 使って、長く 書いて ください。

山田　字が 汚いですから、パソコンを 使っても いいですか。

先生　いいえ、パソコンは 使わないで ください。

ペンで 書いて ください。

山田　辞書を 見ても いいですか。

先生　はい、辞書は 見ても いいです。

ゆっくり 書いても いいですから、きれいに 書いて ください。

선생님　오늘은 한국어로 작문을 써 봅시다.
테마는 [한국에서의 생활]입니다.

야마다　짧은 작문은 안 됩니까?

선생님　예, 여러 가지 단어를 사용해서,
길게 써 주세요.

야마다　글씨가 예쁘지 않기 때문에,
컴퓨터를 사용해도 됩니까?

선생님　아니오, 컴퓨터는 사용하지 마세요.
펜으로 쓰세요.

야마다　사전을 봐도 됩니까?

선생님　예, 사전은 봐도 됩니다.
천천히 써도 좋으니까,
깔끔하게 써 주세요.

어휘표현

□ 作文 작문　□ テーマ 테마　□ 生活 생활　□ 短い 짧다　□ だめだ 안 된다　□ いろいろだ 여러 가지이다
□ 単語 단어　□ 使う 사용하다　□ 長く 길게　□ 字 글씨　□ 汚い 더럽다, 잘 못하다　□ ペン 펜
□ 辞書 사전　□ ゆっくり 천천히　□ きれいに 깨끗하게, 깔끔하게

01 문장으로 외우면 좋은 표현들

① お風呂に 入る (목욕을 하다)

② 友だちに 会う (친구를 만나다)
[~을/를]로 해석하지만 동사[会う]는 항상 조사[に]를 붙입니다.

③ 地下鉄に 乗る (지하철을 타다)
[~을/를]로 해석하지만 동사[乗る]는 항상 조사[に]를 붙입니다.

④ バスを 降りる (버스를 내리다 / 버스에서 내리다)
[~을/를]로 해석하는 조사[を]는 [~에서/~부터]라는 출발의 의미도 있습니다.
※ うちを 出る (집을 나오다 / 집에서 나오다)

⑤ 旅行に 行く (여행을 가다)
직역을 하면 [여행하러 가다]로 조사[に]는 [~하러]의 목적을 나타냅니다.
[旅行]뒤에 [行く]가 오는 경우는 반드시 조사[に]를 사용하지만 [旅行を する(여행을 하다)]로
표현할 수도 있습니다.

⑥ ジムに 通う (헬스클럽에 다니다)
동사[通う]는 항상 조사[に]를 붙입니다.

⑦ 外国に 住む (외국에서 살다)
[~에서]로 해석하기 때문에 조사 [で]를 붙여서는 안됩니다.
동사[住む]는 항상 조사[に]를 붙입니다.

⑧ 電話に 出る (전화를 받다)
[전화를 받다]라는 한국어 해석대로 [電話を もらう]를 쓰면 [전화]라는 물건을 받다라는 의미가
되므로 주의해야 합니다.
실제 회화에서 많이 틀리는 표현이므로 꼭 외워둡시다.

⑨ 薬を 飲む (약을 먹다)
[먹다]라는 동사는 [食べる]지만, 약처럼 씹지 않고 넘기는 경우에는 [마시다]의 [飲む]를
사용합니다.

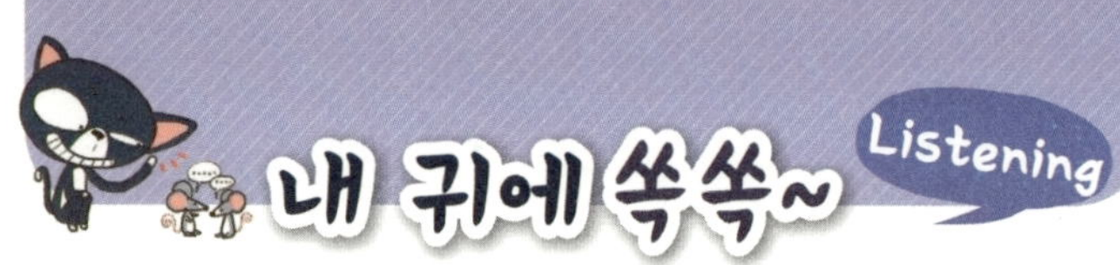

01 다음을 듣고 해도 되는 것에 O표를 하세요.

예	a	b	c
		O	
❶ 図書館	a	b	c
❷	a	b	c
❸	a	b	c

풀이 노트 01

（例）A: 今日は お風呂に 入っても いいですか。 오늘은 목욕을 해도 됩니까?

B: 熱が あるから、入らないで ください。 열이 있으니까, 하지 마세요.

A: シャワーは どうですか。 샤워는 어떻습니까?

B: シャワーは 浴びても いいです。 샤워는 해도 됩니다.

A: お酒は 飲んでも いいですか。 술은 마셔도 됩니까?

B: お酒も 飲まないで ください。 술도 마시지 마세요.

① A: 図書館で 本を 借りても いいですか。 도서관에서 책을 빌려도 됩니까?

B: はい、いいですよ。でも、本に 何も 書かないで ください。
네, 됩니다. 하지만, 책에 아무것도 쓰지 마세요.

A: 隣の 人と 話しても いいですか。 옆 사람과 이야기해도 됩니까?

B: 話さないで ください。静かに して ください。
이야기하지 마세요. 조용히 해 주세요.

A: ごはんを 食べても いいですか。 밥을 먹어도 됩니까?

B: ごはんを 食べては いけません。 밥을 먹어서는 안됩니다.
図書館の 中では 食べないで ください。 도서관 안에서는 먹지 마세요.

② A: 授業中、韓国語で 話しても いいですか。 수업중에 한국어로 이야기해도 됩니까?

B: 日本語の 授業ですから、韓国語で 話さないで ください。
일본어 수업이니까, 한국어로 이야기하지 마세요.

A: 電話に 出ても いいですか。 전화를 받아도 됩니까?

B: 出ては いけません。出ないで ください。 받아서는 안됩니다. 받지 마세요.

A: 辞書は 見ても いいですか。 사전은 봐도 됩니까?

B: はい、辞書は 見ても いいです。 네, 사전은 봐도 됩니다.

③ A: 犬を 連れてきても いいですか。 개를 데리고 와도 됩니까?

B: だめですよ。連れてこないで ください。 안됩니다. 데리고 오지 마세요.

A: ケータイを 使っても いいですか。 휴대폰을 사용해도 됩니까?

B: ケータイも 使わないで ください。 휴대폰도 사용하지 마세요.

A: 音楽を 聞いても いいですか。 음악을 들어도 됩니까?

B: 聞いても いいですよ。 들어도 됩니다.

정답 : ❶ a ❷ c ❸ b

□ 今日 오늘
□ お風呂に 入る 목욕을 하다
□ 熱 열
□ ある 있다
□ シャワーを 浴びる 샤워를 하다
□ お酒 술
□ 飲む 마시다
□ 図書館 도서관
□ 本 책
□ 借りる 빌리다
□ でも 하지만
□ 何も 아무것도
□ 書く 쓰다
□ 隣 옆, 이웃
□ 人 사람
□ 話す 이야기하다
□ 静かに 조용히
□ ごはん 밥
□ 食べる 먹다
□ 授業中 수업중
□ 韓国語 한국어
□ 電話に 出る 전화를 받다
□ 辞書 사전
□ 見る 보다
□ 犬 개
□ 連れてくる 데리고 오다
□ だめだ 안된다
□ ケータイ 휴대폰
□ 使う 사용하다
□ 音楽 음악
□ 聞く 듣다

unit 11 필기시험

☐ 1회 점수 : / 100
☐ 2회 점수 : / 100
☐ 3회 점수 : / 100

어휘

01 다음 단어의 의미를 써 보세요. (1문제 4점)

① 吸う

② 捨てる

③ 見える

④ 使う

⑤ 座る

02 다음 단어를 일본어로 써 보세요. (1문제 4점)

① 열다

② 시작하다

③ 빌려주다

④ 달리다, 뛰다

⑤ 데리고 오다

01 다음 문장을 한국어로 해석해 보세요. (1문제 3점)

① 作文は いろいろな 単語を 使って、長く 書いて ください。

② 授業中に おしゃべりを したり、電話に 出たり しないで ください。

③ 店の 前だから、ごみを 捨てないで ください。

02 다음 문장을 일본어로 만들어 보세요. (1문제 5점)

① 위험하니까, 여기에서 놀지 마세요.

② 천천히 써도 좋으니까, 사전을 보면서 깨끗하게 써주세요.

③ 백화점에 개를 데리고 오지 마세요.

Test 11

01 다음 단어를 듣고 받아 써 보세요. (1문제 3점)

①   ②   ③

④   ⑤   ⑥

02 다음 문장을 듣고 받아 써 보세요. (1문제 6점)

①

②

③

어휘

01 다음 단어의 의미를 써 보세요.
(1문제 2점)

① 吸う

② 捨てる

③ 見える

④ 使う

⑤ 座る

02 다음 단어를 일본어로 써 보세요.
(1문제 2점)

① 열다

② 시작하다

③ 빌려주다

④ 달리다, 뛰다

⑤ 데리고 오다

어휘 01

① (담배를) 피우다　【한자】吸^すう
　☞ 이 문제를 틀렸을 경우에는 P.191를 다시 한번 확인 학습해 주세요.

② 버리다　【한자】捨^すてる
　☞ 이 문제를 틀렸을 경우에는 P.191를 다시 한번 확인 학습해 주세요.

③ 보이다　【한자】見^みえる
　☞ 이 문제를 틀렸을 경우에는 P.191를 다시 한번 확인 학습해 주세요.

④ 사용하다　【한자】使^{つか}う
　☞ 이 문제를 틀렸을 경우에는 P.190를 다시 한번 확인 학습해 주세요.

⑤ 앉다　【한자】座^{すわ}る
　☞ 이 문제를 틀렸을 경우에는 P.190를 다시 한번 확인 학습해 주세요.

어휘 02

① 開^あける
　☞ 이 문제를 틀렸을 경우에는 P.195를 다시 한번 확인 학습해 주세요.

② 始^{はじ}める
　☞ 이 문제를 틀렸을 경우에는 P.179를 다시 한번 확인 학습해 주세요.

③ 貸^かす
　☞ 이 문제를 틀렸을 경우에는 P.108를 다시 한번 확인 학습해 주세요.

④ 走^{はし}る
　☞ 이 문제를 틀렸을 경우에는 P.36를 다시 한번 확인 학습해 주세요.

⑤ 連^つれてくる
　☞ 이 문제를 틀렸을 경우에는 P.201를 다시 한번 확인 학습해 주세요.

01 다음 문장을 한국어로 해석해 보세요.
(1문제 3점)

① 作文は いろいろな 単語を 使って、
長く 書いて ください。

____

② 授業中に おしゃべりを したり、電話に
出たり しないで ください。

____

③ 店の 前だから、ごみを 捨てないで
ください。

____

02 다음 문장을 일본어로 만들어 보세요.
(1문제 5점)

① 위험하니까, 여기에서 놀지 마세요.

____

② 천천히 써도 좋으니까, 사전을 보면서
깨끗하게 써주세요.

____

③ 백화점에 개를 데리고 오지 마세요.

01 다음 단어를 듣고 받아 써 보세요. (1문제 3점)

①　　　　　　　②

③　　　　　　　④

⑤　　　　　　　⑥

02 다음 문장을 듣고 받아 써 보세요.
(1문제 6점)

①　_______________________________________

②　_______________________________________

③　_______________________________________

① 작문은 여러가지 단어를 사용해서, 길게 써 주세요.
☞ 이 문제를 틀렸을 경우에는 P.198를 다시 한번 확인 학습해 주세요.

② 수업중에 수다를 떨거나, 전화를 받거나 하지마세요.
☞ 이 문제를 틀렸을 경우에는 P.195를 다시 한번 확인 학습해 주세요.

③ 가게 앞이니까, 쓰레기를 버리지 마세요.
☞ 이 문제를 틀렸을 경우에는 P.195를 다시 한번 확인 학습해 주세요.

① 危ない(です)から、ここで 遊ばないで ください。
☞ 이 문제를 틀렸을 경우에는 P.195를 다시 한번 확인 학습해 주세요.

② ゆっくり 書いても いい(です)から、辞書を 見ながら
きれいに 書いて ください。

☞ 이 문제를 틀렸을 경우에는 P.198를 다시 한번 확인 학습해 주세요.

③ デパートに 犬を 連れて こないで ください。

☞ 이 문제를 틀렸을 경우에는 P.201를 다시 한번 확인 학습해 주세요.

① せいかつ　[뜻] 생활　【한자】生活
☞ 이 문제를 틀렸을 경우에는 P.198를 다시 한번 확인 학습해 주세요.

② いろいろだ　[뜻] 여러가지다
☞ 이 문제를 틀렸을 경우에는 P.198를 다시 한번 확인 학습해 주세요.

③ かんたんだ　[뜻] 간단하다　【한자】簡単だ
☞ 이 문제를 틀렸을 경우에는 P.197를 다시 한번 확인 학습해 주세요.

④ おおきく　[뜻] 크게　【한자】大きく
☞ 이 문제를 틀렸을 경우에는 P.197를 다시 한번 확인 학습해 주세요.

⑤ だめだ　[뜻] 안된다
☞ 이 문제를 틀렸을 경우에는 P.198를 다시 한번 확인 학습해 주세요.

⑥ からいもの　[뜻] 매운 것　【한자】辛い物
☞ 이 문제를 틀렸을 경우에는 P.193를 다시 한번 확인 학습해 주세요.

① 韓国語の 練習だから、パソコンは 使わないで ください。
한국어 연습이기 때문에, 컴퓨터는 사용하지 말아 주세요.
☞ 이 문제를 틀렸을 경우에는 P.201를 다시 한번 확인 학습해 주세요.

② 教室の 中では 静かに して ください。　교실 안에서는 조용히 해 주세요.

☞ 이 문제를 틀렸을 경우에는 P.191를 다시 한번 확인 학습해 주세요.

③ 見えないから、字を 大きく 書きましょう。
보이지 않으니까, 글씨를 크게 씁시다.
☞ 이 문제를 틀렸을 경우에는 P.191를 다시 한번 확인 학습해 주세요.

unit 12

朝 早く 起きる ことが できますか。

학습사항

- [ ] 日本語で 話す ことが できます。 일본어로 이야기 할 수 있습니다.
- [ ] 宿題を する 前に、単語を 覚えます。 숙제를 하기 전에, 단어를 외웁니다.
- [ ] ごはんを 食べた 後で、薬を 飲みます。 밥을 먹은 후에, 약을 먹습니다.

독학 Plan

	학습 항목	학습 시간	학습 체크	학습 메모
1	동영상 또는 오디오 강의 수강	15분	☐1회 ☐2회 ☐3회	
2	요것만은 꼭꼭 Point (208~209p)	15분	☐1회 ☐2회 ☐3회	
3	실전처럼 술술 Speaking (210~215p)	15분	☐1회 ☐2회 ☐3회	
4	회화실력 쑥쑥 Conversation (216~217p)	15분	☐1회 ☐2회 ☐3회	
5	내 귀에 쏙쏙 Listening (218~219p)	15분	☐1회 ☐2회 ☐3회	
6	듣고 말하기 훈련용 MP3 ⊙ S12_02,03,04	15분	☐1회 ☐2회 ☐3회	
7	12과 필기시험 (222~225p)	30분	☐50점 미만 ☐51~80점 ☐81~100점	

50점 미만	Unit 전체 1~2회 반복 학습
51점~80점	틀린 부분 다시 학습
81점~100점	다음 Unit 진행 OK~!!

-할 수 있다

01 기본형 + ことが できる

+ [기본형]에 [〜ことが できる]를 붙이면 [~을/를 할 수 있다]라는 의미로 어떤 동작이 가능하다는 것이나 능력의 유무를 나타내는 표현입니다.

□ 日本語 일본어
□ 話す 이야기하다
□ 車 차
□ 運転する 운전하다
□ 英語 영어
□ 教える 가르치다

日本語で 話す ことが できます。　　　일본어로 말할 수 있습니다.

車を 運転する ことが できますか。　　차를 운전할 수 있습니까?

英語を 教える ことが できません。　　영어를 가르칠 수 없습니다.

-하기 전에

02 기본형 + 前に

+ 앞에 있는 동사의 동작이 일어나기 전에 뒤에 있는 동사의 동작이 일어나는 것을 나타내는 표현입니다

+ 뒷 문장이 현재형이거나 과거형이거나 모두 [〜前に]앞의 동사는 항상 [기본형]을 사용합니다.

□ 寝る 자다
□ 彼女 그녀
□ メール 메일
□ 送る 보내다
□ 野菜 채소
□ 切る 자르다
□ よく 잘
□ 洗う 씻다
□ 宿題 숙제
□ 単語 단어
□ 覚える 외우다

寝る 前に、彼女に メールを 送ります。

자기 전에 여자 친구에게 메일을 보냅니다.

野菜を 切る 前に、よく 洗います。　　채소를 자르기 전에 잘 씻습니다.

宿題を する 前に、単語を 覚えます。　　숙제를 하기 전에 단어를 외웁니다.

–한 후에

03 ~た 後_{あと}で

+ 동사의 [た형]에 [あとで]를 붙여서 [~한 후에]라는 의미로 앞에 있는 동사의 동작이 끝난 후에 뒤에 있는 동사의 동작이 일어나는 것을 나타내는 표현입니다.

ごはんを 食_たべた 後_{あと}で、薬_{くすり}を 飲_のみます。　　밥을 먹은 후에 약을 먹습니다.

バスを 降_おりた 後_{あと}で、電話_{でんわ}を かけます。　버스에서 내린 후에 전화를 겁니다.

毎晩_{まいばん} シャワーを 浴_あびた 後_{あと}で、寝_ねます。　　매일 밤 샤워를 한 후에 잡니다.

□ ごはん 밥
□ 食_たべる 먹다
□ 薬_{くすり}を 飲_のむ 약을 먹다
□ バス 버스
□ 降_おりる 내리다
□ 電話_{でんわ} 전화
□ かける 걸다
□ 毎晩_{まいばん} 매일 밤
□ シャワーを 浴_あびる 샤워를 하다
□ 寝_ねる 자다

01 다음 예와 같이 말해 보세요.

예 漢字(かんじ)を 読(よ)む

A: 漢字(かんじ)を 読(よ)むことが できますか。

B: はい、(読(よ)むことが) できます。

いいえ、(読(よ)むことが) できません。

❶ 自転車(じてんしゃ)に 乗(の)る 

❷ ピアノを 弾(ひ)く 

❸ 毎朝(まいあさ) 5時(じ)に 起(お)きる 

❹ 英語(えいご)を 教(おし)える 

❺ 車(くるま)を 運転(うんてん)する 

풀이 노트 01

◎ S12_02

> 예 漢字を 読む
>
> A: 漢字を 読むことが できますか。 한자를 읽을 수 있습니까?
>
> B: はい、(読むことが) できます。 네, (읽을 수) 있습니다.
>
> いいえ、(読むことが) できません。 아니오, (읽을 수) 없습니다.

□ 漢字 한자
□ 読む 읽다
□ 自転車 자전거
□ 乗る 타다
□ ピアノ 피아노
□ 弾く 치다
□ 毎朝 매일 아침
□ 起きる 일어나다
□ 英語 영어
□ 教える 가르치다
□ 車 차
□ 運転する 운전하다

① 自転車に 乗る

A: 自転車に 乗ることが できますか。 자전거를 탈 수 있습니까?

B: はい、(乗ることが) できます。 네, (탈 수) 있습니다.

いいえ、(乗ることが) できません。 아니오, (탈 수) 없습니다.

② ピアノを 弾く

A: ピアノを 弾くことが できますか。 피아노를 칠 수 있습니까?

B: はい、(弾くことが) できます。 네, (칠 수) 있습니다.

いいえ、(弾くことが) できません。 아니오, (칠 수) 없습니다.

③ 毎朝 5時に 起きる

A: 毎朝 5時に 起きることが できますか。 매일 아침 5시에 일어날 수 있습니까?

B: はい、(起きることが) できます。 네, (일어날 수) 있습니다.

いいえ、(起きることが) できません。 아니오, (일어날 수) 없습니다.

④ 英語を 教える

A: 英語を 教えることが できますか。 영어를 가르칠 수 있습니까?

B: はい、(教えることが) できます。 네, (가르칠 수) 있습니다.

いいえ、(教えることが) できません。 아니오, (가르칠 수) 없습니다.

⑤ 車を 運転する

A: 車を 運転することが できますか。 차를 운전할 수 있습니까?

B: はい、(運転することが) できます。 네, (운전할 수) 있습니다.

いいえ、(運転することが) できません。 아니오, (운전할 수) 없습니다.

02 다음 <예> 와 같이 말해 보세요.

<예> ごはんを 食べる / 手を 洗う

A: ごはんを 食べる 前に、 何を しますか。
B: ごはんを 食べる 前に、手を 洗います。

 **❶** 寝る / 歯を 磨く 

 **❷** デートに 行く / 化粧を する

 **❸** 部屋に 入る / くつを 脱ぐ

 **❹** 留学する / 日本語を 習う

 **❺** うちに 帰る / 宿題を 出す

풀이 노트 02

S12_03

> 예 ごはんを 食べる / 手を 洗う
>
> A: ごはんを 食べる 前に、 何を しますか。 밥을 먹기 전에 무엇을 합니까?
>
> B: ごはんを 食べる 前に、手を 洗います。 밥을 먹기 전에 손을 씻습니다.

□ ごはん 밥
□ 食べる 먹다
□ 手 손
□ 洗う 씻다
□ 寝る 자다
□ 歯 이
□ 磨く 닦다
□ デート 데이트
□ 行く 가다
□ 化粧 화장
□ する 하다
□ 部屋 방
□ 入る 들어가다
□ くつ 구두
□ 脱ぐ 벗다
□ 留学する 유학하다
□ 日本語 일본어
□ 習う 배우다
□ うち 집
□ 帰る 돌아가다
□ 宿題 숙제
□ 出す 내다

① 寝る / 歯を 磨く

A: 寝る 前に、何を しますか。 자기 전에, 무엇을 합니까?

B: 寝る 前に、歯を 磨きます。 자기 전에, 이를 닦습니다.

② デートに 行く / 化粧を する

A: デートに 行く 前に、何を しますか。

데이트하러 가기 전에 무엇을 합니까?

B: デートに 行く 前に、化粧を します。

데이트하러 가기 전에 화장을 합니다.

③ 部屋に 入る / くつを 脱ぐ

A: 部屋に 入る 前に、何を しますか。 방에 들어가기 전에, 무엇을 합니까?

B: 部屋に 入る 前に、くつを 脱ぎます。

방에 들어가기 전에, 구두를 벗습니다.

④ 留学する / 日本語を 習う

A: 留学する 前に、何を しますか。 유학하기 전에, 무엇을 합니까?

B: 留学する 前に、日本語を 習います。

유학하기 전에, 일본어를 배웁니다.

⑤ うちに 帰る / 宿題を 出す

A: うちに 帰る 前に、何を しますか。 집에 돌아가기 전에, 무엇을 합니까?

B: うちに 帰る 前に、宿題を 出します。

집에 돌아가기 전에, 숙제를 냅니다.

03 다음 예와 같이 말해 보세요.

예 コーヒーを 飲む / 勉強を する

A: コーヒーを 飲んだ 後で、何を しますか。
B: コーヒーを 飲んだ 後で、勉強を します。

❶   運動を する / シャワーを 浴びる 

❷   うちに 帰る / 単語を 覚える

❸   レポートを 書く / メールで 送る

❹   授業が 終わる / 質問を する

❺   会社を 辞める / 大学院に 入る

풀이 노트 03

> **예** コーヒーを 飲む / 勉強を する
>
> A: コーヒーを 飲んだ 後で、何を しますか。
>
> 커피를 마신 후에, 무엇을 합니까?
>
> B: コーヒーを 飲んだ 後で、勉強を します。
>
> 커피를 마신 후에, 공부를 합니다.

① 運動を する / シャワーを 浴びる
A: 運動を した 後で、何を しますか。 운동을 한 후에, 무엇을 합니까?
B: 運動を した 後で、シャワーを 浴びます。

운동을 한 후에, 샤워를 합니다.

② うちに 帰る / 単語を 覚える
A: うちに 帰った 後で、何を しますか。 집에 돌아간 후에, 무엇을 합니까?
B: うちに 帰った 後で、単語を 覚えます。

집에 돌아간 후에, 단어를 외웁니다.

③ レポートを 書く / メールで 送る
A: レポートを 書いた 後で、何を しますか。 리포트를 쓴 후에, 무엇을 합니까?
B: レポートを 書いた 後で、メールで 送ります。

리포트를 쓴 후에, 메일로 보냅니다.

④ 授業が 終わる / 質問を する
A: 授業が 終わった 後で、何を しますか。 수업이 끝난 후에, 무엇을 합니까?
B: 授業が 終わった 後で、質問を します。

수업이 끝난 후에, 질문을 합니다.

⑤ 会社を 辞める / 大学院に 入る
A: 会社を 辞めた 後で、何を しますか。

회사를 그만 둔 후에 무엇을 합니까?

B: 会社を 辞めた 後で、大学院に 入ります。

회사를 그만 둔 후에, 대학원에 들어갑니다.

- □ コーヒー 커피
- □ 飲む 마시다
- □ 勉強 공부
- □ 運動 운동
- □ シャワーを 浴びる 샤워를 하다
- □ うち 집
- □ 帰る 돌아가다
- □ 単語 단어
- □ 覚える 외우다
- □ レポート 리포트
- □ 書く 쓰다
- □ メール 메일
- □ 送る 보내다
- □ 授業 수업
- □ 終わる 끝나다
- □ 質問 질문
- □ 会社 회사
- □ 辞める 그만두다
- □ 大学院 대학원
- □ 入る 들어가다

キム　山田さん、ごはんを　食べましたか。

山田　いいえ、まだです。

キム　そうですか。
　　　映画を　見る　前に　パンでも　食べましょうか。

山田　でも、もうすぐ　始まるから、映画を　見た　後で
　　　食べても　いいですよ。キムさんは　食べましたか。

キム　いいえ、実は　私も　まだです。私は　朝　早く　起きる
　　　ことが　できませんから……。
　　　山田さんは、朝　早く　起きる　ことが　できますか。

山田　ええ、早く　起きる　ことは　できますが、
　　　夜は　弱いですから、10時　ぐらいに　寝ます。

キム　じゃあ、夜は　遊ぶ　ことが　できませんね。

김민수　야마다 씨, 밥을 먹었습니까?

야마다　아니오, 아직입니다.

김민수　그렇습니까? 영화를 보기 전에
빵이라도 먹을까요?

야마다　하지만, 이제 곧 시작되니까, 영화를
본 후에 먹어도 됩니다. 김민수 씨는
먹었습니까?

김민수　아니오, 실은 저도 아직입니다.
저는 아침에 일찍 일어날 수 없기
때문에... 야마다 씨는 아침 일찍 일어날
수 있습니까?

야마다　예, 일찍 일어날 수는 있습니다만, 밤에
약하기 때문에, 10시 정도에 잡니다.

김민수　그러면 밤에는 놀 수 없겠네요.

어휘표현

□まだ 아직　　□でも 하지만　　□もうすぐ 이제 곧　　□始まる 시작되다　　□実は 실은　　□夜 밤
□弱い 약하다　　□ぐらい 정도, 쯤

216

01 명사 + でも

선택할 수 있는 여러가지중에서 예를 들어 말할 때 사용하며, 전체적으로 완곡하게 표현할 때 주로
사용합니다.

映画を 見る 前に パンでも 食べましょうか。(영화를 보기전에 빵이라도 먹을까요?)
お茶でも 飲んで 行きましょう。(차라도 마시고 갑시다)

02 ～ぐらい

수량을 나타내는 명사에 붙어서 대략 그 정도일 것을 나타냅니다.
図書館は ここから 歩いて、5分ぐらい かかります。

(도서관은 여기에서 걸어서 5분정도 걸립니다)

※ 시간이나 날짜뒤에 [ぐらい]가 올 경우에는 반드시 뒤에 [に]를 붙여야 합니다.
夜は 10時 ぐらいに 寝ます。(O) (밤에는 10시 정도에 잡니다)
夜は 10時 ぐらい 寝ます。(X)

03 함께 외우면 좋은 동사들

① 行く(가다) / 来る(오다)　　② 寝る(자다) / 起きる(일어나다)
③ 乗る(타다) / 降りる(내리다)　　④ 入る(들어가다) / 出る(나오다)
⑤ 捨てる(버리다) / 拾う(줍다)　　⑥ 教える(가르치다) / 習う(배우다)
⑦ 借りる(빌리다) / 貸す(빌려주다)　　⑧ 太る(살찌다) / やせる(마르다)
⑨ 着る(입다) / 脱ぐ(벗다)　　⑩ 始まる(시작되다) / 終わる(끝나다)

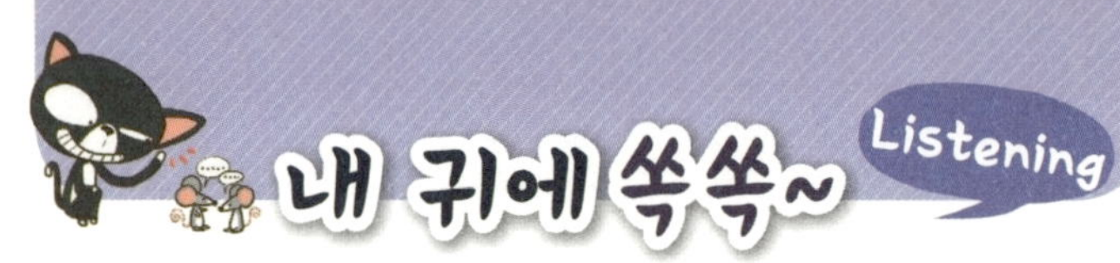

01 다음을 듣고 할 수 있는 것에 O표를 하세요.

	田中	パク
예	O	O
❶		
❷		
❸		

풀이 노트 01

田中：パクさんは 暇な 時は 何を しますか。 박 씨는 한가할 때 무엇을 합니까?

パク：買い物を したり、ドライブに 行ったりします。

쇼핑을 하거나 드라이브 하러 가거나 합니다.

田中：パクさんは 運転する ことが できますか。 박 씨는 운전 할 수 있습니까?

パク：はい、できます。 네, 할 수 있습니다.

田中さんは 運転する ことが できませんか。

다나카 씨는 운전할 수 없습니까?

田中：いいえ、できますが、韓国では 運転した ことが ありません。

아니오, 할 수 있습니다만, 한국에서는 운전 한 적이 없습니다.

パク：田中さんは 何を しますか。 다나카 씨는 무엇을 합니까?

田中：日本では ピアノを 弾いたり、ギターを 弾いたりしました。

　でも、韓国には ピアノが ありませんから、ギターを

弾いたりします。 일본에서는 피아노를 치거나, 기타를 치거나 했습니다.

하지만, 한국에서는 피아노가 없기 때문에 키타를 치거나 합니다.

パク：田中さんは ピアノも ギターも 弾く ことが できますか。

다나카 씨는 피아노도 기타도 칠 수 있습니까?

田中：ええ、ピアノは 小学校に 入る 前から、ギターは 大学に

入った 後で 習いました。

네, 피아노는 초등학교에 들어가기 전부터, 기타는 대학에 들어간 후에 배웠습니다.

パクさんは どうですか。 박 씨는 어떻습니까?

パク：私は ピアノも、ギターも 弾く ことが できません。

저는 피아노도, 기타도 칠 수 없습니다.

田中：そうですか。 그렇습니까?

でも、パクさんは 日本語も 英語も 上手ですから、

うらやましいです。 하지만, 박 씨는 일본어도 영어도 잘하기 때문에, 부럽습니다.

私は まだ 英語で 話す ことは できませんから。

저는 아직 영어로 이야기 할 수가 없으니까요.

パク：そうですか。 그렇습니까?

□ 暇だ 한가하다	
□ 時 때	
□ 何 무엇	
□ する 하다	
□ 買い物 쇼핑	
□ ドライブ 드라이브	
□ 行く 가다	
□ 運転する 운전하다	
□ できる 할 수 있다	
□ 韓国 한국	
□ 日本 일본	
□ ピアノ 피아노	
□ 弾く 치다	
□ ギター 기타	
□ でも 하지만	
□ 小学校 초등학교	
□ 入る 들어가다	
□ 習う 배우다	
□ どうですか 어떻습니까?	
□ 日本語 일본어	
□ 英語 영어	
□ 上手だ 잘하다	
□ うらやましい 부럽다	
□ まだ 아직	
□ 話す 이야기하다	

정답：田中 ❶ O ❷ O ❸ X

パク ❶ X ❷ X ❸ O

東京スポーツジム

みなさん、最近 運動していますか。

この スポーツジムでは、走ったり、泳いだり、踊ったり、いろいろな 運動が できます。

音楽を 聞いたり、テレビを 見たりしながら 楽しく 運動する ことも できます。

運動する 前に トレーナーと 相談する ことも できます。

サウナが できた ばかりですから、運動した 後で、サウナに 入る ことも できますよ。

さぁ、あなたも 今日から 一緒に 運動しませんか。

※ 注意
1. ジムの 中では 食べ物を 食べないで ください。
   飲み物は 飲んでも いいです。
2. ペットは 連れて こないで ください。
3. ジムの 中で タバコを 吸っては いけません。
   タバコは 外に 出て 吸って ください。
4. 毎週 水曜日は 休みです。

★ 위의 내용과 맞으면 O표, 틀리면 X표를 하세요.

❶ この ジムでは、毎日 運動する ことが できます。（　）

❷ ジムの 中で ジュースを 飲んでは いけません。（　）

❸ ジムの 中では、タバコを 吸う ことが できません。（　）

楽しく 즐겁게	トレーナー 트레이너	相談する 상담하다	サウナ 사우나
できる 생기다	注意 주의	食べ物 먹을 것	飲み物 음료수
ペット 애완동물　外 밖		吸う (담배를) 피우다	

220

Q 퀴즈: 다음 그림의 동작은 무슨 의미일까요? 맞는 번호를 고르세요.

(1) 다른 사람 앞을 통과하거나 할 때   (2) [나?]라고 확인할 때
(3) 술자리 등이 끝나서 계산 부탁할 때   (4) 음식이 목에 걸렸을 때

(3) 회식이나 술자리가 끝나서 계산해 달라고 할 때, 한국에서는 [저기요]라든가 [계산이요]라고 소리를 내서 계산을 부탁하지만, 일본에서는 손가락으로 [X표]를 하면 끝났다는 의미로 계산을 부탁하게 된다.

(4) 한국에서는 상대방이 이해하지 못한 경우에 [답답해]라고 말하면서 가슴을 주먹으로 툭툭 치지만, 일본에서는 정말로 음식이 목에 걸렸거나, 사레 들렸을 때 사용한다.

(2) 한국에서는 가슴 쪽을 가리키면서 [나?]라고 반문하지만, 일본에서는 반드시 "코"쪽을 가리키면서 [나?]라고 반문한다.

(1) 다른 사람 앞을 통과 할 때 한국에서는 [죄송합니다] 또는 [실례합니다]라고 말한 다음에 지나가지만, 일본에서는 계속 손동작을 하면서 [すみません]이라고 말을 하고 지나간다.

제한 시간 30분

- □ 1회 점수 : / 100
- □ 2회 점수 : / 100
- □ 3회 점수 : / 100

01 다음 단어의 의미를 써 보세요. (1문제 4점)

① 脱ぐ

② 辞める

③ 磨く

④ 送る

⑤ 開ける

02 다음 단어를 일본어로 써 보세요. (1문제 4점)

① 내다, 제출하다

② 가르치다

③ (담배를) 피우다

④ 버리다

⑤ (피아노를) 치다

01 다음 문장을 한국어로 해석해 보세요. (1문제 3점)

① 日本語を 習った ばかりですから、まだ 日本語で 話す
ことが できません。

② 毎朝 ごはんを 食べた 後で、薬を 飲んで ください。

③ 寝る 前に、歯を 磨いて シャワーを 浴びます。

02 다음 문장을 일본어로 만들어 보세요. (1문제 5점)

① 방에 들어가기 전에, 신발을 벗어주세요.

② 자전거를 탈 수는 있지만, 차를 운전할 수는 없습니다.

③ 수업이 끝난 후에 숙제를 제출해 주세요.

01 다음 단어를 듣고 받아 써 보세요. (1문제 3점)

① ② ③
④ ⑤ ⑥

02 다음 문장을 듣고 받아 써 보세요. (1문제 6점)

①

②

③

어휘

01 다음 단어의 의미를 써 보세요.
(1문제 2점)

① 脱ぐ

② 辞める

③ 磨く

④ 送る

⑤ 開ける

02 다음 단어를 일본어로 써 보세요.
(1문제 2점)

① 내다, 제출하다

② 가르치다

③ (담배를) 피우다

④ 버리다

⑤ (피아노를) 치다

어휘 01

① (신발을) 벗다　【한자】脱ぐ
☞ 이 문제를 틀렸을 경우에는 P.213를 다시 한번 확인 학습해 주세요.

② (회사를) 그만두다　【한자】辞める
☞ 이 문제를 틀렸을 경우에는 P.215를 다시 한번 확인 학습해 주세요.

③ 닦다　【한자】磨く
☞ 이 문제를 틀렸을 경우에는 P.213를 다시 한번 확인 학습해 주세요.

④ 보내다　【한자】送る
☞ 이 문제를 틀렸을 경우에는 P.208를 다시 한번 확인 학습해 주세요.

⑤ 열다　【한자】開ける
☞ 이 문제를 틀렸을 경우에는 P.195를 다시 한번 확인 학습해 주세요.

어휘 02

① 出す
☞ 이 문제를 틀렸을 경우에는 P.213를 다시 한번 확인 학습해 주세요.

② 教える
☞ 이 문제를 틀렸을 경우에는 P.211를 다시 한번 확인 학습해 주세요.

③ 吸う
☞ 이 문제를 틀렸을 경우에는 P.191를 다시 한번 확인 학습해 주세요.

④ 捨てる
☞ 이 문제를 틀렸을 경우에는 P.191를 다시 한번 확인 학습해 주세요.

⑤ 弾く
☞ 이 문제를 틀렸을 경우에는 P.127를 다시 한번 확인 학습해 주세요.

01 다음 문장을 한국어로 해석해 보세요.
(1문제 3점)

① 日本語を 習った ばかりですから、まだ
日本語で 話す ことが できません。

____

② 毎朝 ごはんを 食べた 後で、薬を
飲んで ください。

____

③ 寝る 前に、歯を 磨いて シャワーを
浴びます。

____

02 다음 문장을 일본어로 만들어 보세요.
(1문제 5점)

① 방에 들어가기 전에, 신발을 벗어주세요.

____

② 자전거를 탈 수는 있지만, 차를 운전할 수는
없습니다.

____

③ 수업이 끝난 후에 숙제를 제출해 주세요.

____

01 다음 단어를 듣고 받아 써 보세요. (1문제 3점)

① [   ]   ② [   ]

③ [   ]   ④ [   ]

⑤ [   ]   ⑥ [   ]

02 다음 문장을 듣고 받아 써 보세요.
(1문제 6점)

① _______________________________________

② _______________________________________

③ _______________________________________

① 일본어를 배운지 얼마 안됐기 때문에, 아직 일본어로 말 할 수
없습니다.
☞ 이 문제를 틀렸을 경우에는 P.175를 다시 한번 확인 학습해 주세요.

② 매일 아침 밥을 먹은 후에, 약을 드세요.
☞ 이 문제를 틀렸을 경우에는 P.209,109를 다시 한번 확인 학습해 주세요.

③ 자기 전에 이를 닦고 샤워를 합니다.
☞ 이 문제를 틀렸을 경우에는 P.208를 다시 한번 확인 학습해 주세요.

① 部屋に 入る 前に、靴を 脱いで ください。
☞ 이 문제를 틀렸을 경우에는 P.208를 다시 한번 확인 학습해 주세요.

② 自転車に 乗る ことは できますが、車を 運転する

ことは できません。

☞ 이 문제를 틀렸을 경우에는 P.208를 다시 한번 확인 학습해 주세요.

③ 授業が 終わった 後で、宿題を 出して ください。

☞ 이 문제를 틀렸을 경우에는 P.209를 다시 한번 확인 학습해 주세요.

① ぐらい 【뜻】정도

☞ 이 문제를 틀렸을 경우에는 P.216를 다시 한번 확인 학습해 주세요.

② もうすぐ 【뜻】이제 곧

☞ 이 문제를 틀렸을 경우에는 P.216를 다시 한번 확인 학습해 주세요.

③ けしょう 【뜻】화장 【한자】化粧

☞ 이 문제를 틀렸을 경우에는 P.213를 다시 한번 확인 학습해 주세요.

④ じてんしゃ 【뜻】자전거 【한자】自転車

☞ 이 문제를 틀렸을 경우에는 P.211를 다시 한번 확인 학습해 주세요.

⑤ ぬぐ 【뜻】벗다 【한자】脱ぐ

☞ 이 문제를 틀렸을 경우에는 P.213를 다시 한번 확인 학습해 주세요.

⑥ だいがくいん 【뜻】대학원 【한자】大学院

☞ 이 문제를 틀렸을 경우에는 P.215를 다시 한번 확인 학습해 주세요.

① バスを 降りた 後で、先生に 電話を かけます。

버스를 내린 후에, 선생님에게 전화를 겁니다.

☞ 이 문제를 틀렸을 경우에는 P.209를 다시 한번 확인 학습해 주세요.

② 毎日 1時間 運動することが できますか。

매일 1시간 운동할 수가 있습니까?

☞ 이 문제를 틀렸을 경우에는 P.211를 다시 한번 확인 학습해 주세요.

③ デートに 行く 前に きれいな 服を 着ます。

데이트를 가기 전에 깨끗한 옷을 입습니다.

☞ 이 문제를 틀렸을 경우에는 P.213를 다시 한번 확인 학습해 주세요.

Unit 01 🐳 S01_02

01

① A : 週末は 忙しかったですか。

B : はい、忙しかったです。
いいえ、忙しく ありませんでした。

② A : 旅行は 楽しかったですか。
B : はい、楽しかったです。
いいえ、楽しく ありませんでした。

③ A : その 映画は 怖かったですか。
B : はい、怖かったです。
いいえ、怖く ありませんでした。

④ A : 今日の 授業は 難しかったですか。
B : はい、難しかったです。
いいえ、難しく ありませんでした。

⑤ A : 昨日は 天気が よかったですか。
B : はい、天気が よかったです。
いいえ、天気が よくありませんでした。

02 🐳 S01_03

① A : あの 店は きれいでしたか。
B : はい、きれいでした。
いいえ、きれいじゃありませんでした。

② A : 授業は 簡単でしたか。
B : はい、簡単でした。
いいえ、簡単じゃありませんでした。

③ A : 昨日は 雨でしたか。
B : はい、雨でした。
いいえ、雨じゃありませんでした。
いいえ、韓国人じゃないです。

いいえ、韓国人じゃありません。

④ A : 土曜日は 休みでしたか。
B : はい、休みでした。
いいえ、休みじゃありませんでした。

⑤ A : 先週は テストでしたか。
B : はい、テストでした。
いいえ、テストじゃありませんでした。

03 🐳 S01_04

① A : 明日は 何月何日ですか。
B : 12月3日(じゅうにがつみっか)です。

② A : お正月は いつですか。
B : 1月1日(いちがつついたち)です。

③ A : お誕生日は いつですか。
B : 9月10日(くがつとおか)です。

④ A : 子どもの日は いつですか。
B : 5月5日(ごがついつか)です。

⑤ A : テストは いつからいつまでですか。
B : 11月8日(じゅういちがつようか)から、
14日(じゅうよっか)までです。

⑥ A : デパートの セールは いつから
いつまでですか。
B : 7月9日(しちがつここのか)から、
20日(はつか)までです。

01

❶ A：よく 友だちと 話しますか。
　 B：はい、話します。
　　　いいえ、話しません。

❷ A：よく プールで 泳ぎますか。
　 B：はい、泳ぎます。
　　　いいえ、泳ぎません。

❸ A：よく タクシーに 乗りますか。
　 B：はい、乗ります。
　　　いいえ、乗りません。

❹ A：よく 日本料理を 食べますか。
　 B：はい、食べます。
　　　いいえ、食べません。

❺ A：よく この レストランに 来ますか。
　 B：はい、来ます。
　　　いいえ、来ません。

01

❶ A：昨日、恋人に 会いましたか。
　 B：はい、会いました。
　　　いいえ、会いませんでした。

❷ A：昨日、早く 寝ましたか。
　 B：はい、早く 寝ました。
　　　いいえ、早く 寝ませんでした。

❸ A：昨日、料理を 作りましたか。
　 B：はい、作りました。
　　　いいえ、作りませんでした。

❹ A：昨日、日本語の 勉強を しましたか。
　 B：はい、しました。
　　　いいえ、しませんでした。

❺ A：昨日、友だちに 電話を かけましたか。
　 B：はい、かけました。
　　　いいえ、かけませんでした。

02

❶ A：昨日、テレビを 見ましたか。
　 B：いいえ、見ませんでした。
　 A：どうして 見ませんでしたか。
　 B：忙しかったですから、見ませんでした。

❷ A：昨日、早く 帰りましたか。
　 B：いいえ、早く 帰りませんでした。
　 A：どうして 早く 帰りませんでしたか。
　 B：仕事が 多かったですから、
　　　早く 帰りませんでした。

❸ A：昨日、友だちと 遊びましたか。
　 B：いいえ、遊びませんでした。
　 A：どうして 遊びませんでしたか。
　 B：アルバイトが 大変でしたから、
　　　遊びませんでした。

❹ A：昨日、早く 起きましたか。
　 B：いいえ、早く 起きませんでした。
　 A：どうして早く 起きませんでしたか。
　 B：日曜日でしたから、早く 起きませんでした。

Unit 04 🔊 S04_02

01

❶ A : 一緒に、海で 泳ぎませんか。

B : いいですね。泳ぎましょう。

すみません。
天気が 悪いですから、ちょっと……。

❷ A : 一緒に、お酒を 飲みませんか。

B : いいですね。飲みましょう。

すみません。
仕事が 多いですから、ちょっと……。

❸ A : 一緒に、映画を 見ませんか。

B : いいですね。見ましょう。

すみません。
宿題が 大変ですから、ちょっと……。

❹ A : 一緒に、歌を 歌いませんか。

B : いいですね。歌いましょう。

すみません。
歌が 下手ですから、ちょっと……。

❺ A : 一緒に、ゲームを しませんか。

B : いいですね。しましょう。

すみません。
明日、テストですから、ちょっと……。

02 🔊 S04_03

❶ A : 昨日、どこへ 行きましたか。

B : 友だちの うちへ 行きました。

A : 何をしに 行きましたか。

B : 勉強を しに 行きました。

❷ A : 昨日、どこへ 行きましたか。

B : 学校へ 行きました。

A : 何を しに 行きましたか。

B : 先生に 会いに 行きました。

❸ A : 昨日、どこへ 行きましたか。

B : ジムへ 行きました。

A : 何を しに 行きましたか。

B : 運動に 行きました。

❹ A : 昨日、どこへ 行きましたか。

B : デパートへ 行きました。

A : 何をしに 行きましたか。

B : 買い物に 行きました。

❺ A : 昨日、どこへ 行きましたか。

B : 公園へ 行きました。

A : 何をしに 行きましたか。

B : 散歩に 行きました。

03 🔊 S04_04

❶ A : 明日、一緒に 勉強を しに 行きませんか。

B : いいですね。どこでしましょうか。

A : 図書館は どうですか。

B : いいですね。そうしましょう。

❷ A : 明日、一緒にお酒を 飲みに 行きませんか。

B : いいですね。何を 飲みましょうか。

A : ワインはどうですか。

B : いいですね。そうしましょう。

❸ A : 明日、一緒に スキーに 行きませんか。

B : いいですね。何時に 会いましょうか。

A : 朝 9時は どうですか。

B : いいですね。そうしましょう。

❹ A : 明日、一緒に 買い物に 行きませんか。

B : いいですね。どこへ 行きましょうか。

A : デパートは どうですか。

B : いいですね。そうしましょう。

A：誰と　見たいですか。
B：恋人と　見たいです。

Unit 05　🔊 S05_02

01

❶ A：音楽を　聞きながら、何を　しますか。
　 B：音楽を　聞きながら、歌を　歌います。

❷ A：お菓子を　食べながら、何を　しますか。
　 B：お菓子を　食べながら、テレビを　見ます。

❸ A：歩きながら、何を　しますか。
　 B：歩きながら、電話を　かけます。

❹ A：地下鉄を　待ちながら、何を　しますか。
　 B：地下鉄を　待ちながら、単語を　覚えます。

❺ A：散歩を　しながら、何を　しますか。
　 B：散歩を　しながら、写真を　撮ります。

02　🔊 S05_03

❶ A：今、何が(を)　したいですか。
　 B：買い物が(を)　したいです。
　 A：何が(を)　買いたいですか。
　 B：パソコンが(を)　買いたいです。

❷ A：今、何が(を)　したいですか。
　 B：料理が(を)　習いたいです。
　 A：どんな　料理が(を)　習いたいですか。
　 B：おいしい　日本料理が(を)　習いたいです。

❸ A：今、何が(を)　したいですか。
　 B：泳ぎたいです。
　 A：どこで　泳ぎたいですか。
　 B：海で　泳ぎたいです。

❹ A：今、何が(を)　したいですか。
　 B：映画が(を)　見たいです。

❺ A：今、何が(を)　したいですか。
　 B：旅行に　行きたいです。
　 A：いつ　行きたいですか。
　 B：来月　行きたいです。

03　🔊 S05_04

❶ A：今、何が　ほしいですか。
　 B：犬が　ほしいです。
　 A：どうしてですか。
　 B：犬は　かわいいからです。

❷ A：今、何が　ほしいですか。
　 B：休みが　ほしいです。
　 A：どうしてですか。
　 B：仕事が　大変だからです。

❸ A：今、何が　ほしいですか。
　 B：ケータイが　ほしいです。
　 A：どうしてですか。
　 B：今の　ケータイが　不便だからです。

❹ A：今、何が　ほしいですか。
　 B：お金が　ほしいです。
　 A：どうしてですか。
　 B：留学するからです。

❺ A：今、何が　ほしいですか。
　 B：日本人の　友だちが　ほしいです。
　 A：どうしてですか。
　 B：日本語で　話したいからです。

Unit 06　S06_02

01

❶ A : ケータイ、貸して。
　B : うん、いいよ。
　　　えー、いやだ。

❷ A : ごはん、おごって。
　B : うん、いいよ。
　　　えー、いやだ。

❸ A : あれ、取って。
　B : うん、いいよ。
　　　えー、いやだ。

❹ A : パン、買って来て。
　B : うん、いいよ。
　　　えー、いやだ。

❺ A : 仕事、手伝って。
　B : うん、いいよ。
　　　えー、いやだ。

02　S06_03

❶ A : 漢字で 書いて ください。
　B : はい、わかりました。漢字で 書きます。

❷ A : 早く 帰って ください。
　B : はい、わかりました。早く 帰ります。

❸ A : 日本語で 話して ください。
　B : はい、わかりました。日本語で 話します。

❹ A : 単語を 覚えて ください。
　B : はい、わかりました。単語を 覚えます。

❺ A : 毎日 運動して ください。
　B : はい、わかりました。毎日運動します。

Unit 07　S07_02

01

❶ A : 佐藤さんは 何を して いますか。
　B : 電話を かけて います。

❷ A : キムさんは 何を して いますか。
　B : 写真を 撮って います。

❸ A : 山田さんは 何を して いますか。
　B : 料理を 作って います。

❹ A : 中村さんは 何を して いますか。
　B : 歌を 歌って います。

❺ A : パクさんは 何を して いますか。
　B : ピアノを 弾いて います。

❻ A : チェさんは 何を して いますか。
　B : お酒を 飲んで います。

❼ A : イさんは 何を して いますか。
　B : 友だちと 話して います。

❽ A : アンさんは 何を して いますか。
　B : 踊って います。

02　S07_03

❶ A : どうしたんですか。
　B : 財布を なくして しまいました。

❷ A : どうしたんですか。
　B : 会社に 遅れて しまいました。

❸ A : どうしたんですか。
　B : 5キロ 太って しまいました。

④ A：どうしたんですか。
B：お金を たくさん 使って しまいました。

⑤ A：どうしたんですか。
B：友だちと けんかを して しまいました。

01

❶ A：明日、会社を 休んでも いいですか。
B：はい、休んでも いいです。
いいえ、休んでは いけません。

❷ A：ここに 座っても いいですか。
B：はい、座っても いいです。
いいえ、座っては いけません。

❸ A：友だちを 連れてきても いいですか。
B：はい、連れてきても いいです。
いいえ、連れてきては いけません。

❹ A：店の 前に 車を 止めても いいですか。
B：はい、止めても いいです。
いいえ、止めては いけません。

❺ A：隣に 荷物を 置いても いいですか。
B：はい、置いても いいです。
いいえ、置いては いけません。

02　S08_03

❶ A：朝ごはんを 食べて、何を しますか。
B：新聞を 読んで、歯を 磨きます。

❷ A：歯を 磨いて、何を しますか。
B：服を 着て、うちを 出ます。

❸ A：うちを 出て、何を しますか。
B：駅まで 歩いて、地下鉄に 乗ります。

❹ A：地下鉄に 乗って、何を しますか。
B：学校へ 行って、勉強を します。

❺ A：勉強を して、何を しますか。
B：先生と 話して、昼ごはんを 食べます。

❻ A：昼ごはんを 食べて、何を しますか。
B：運動を して、友だちと 遊びます。

❼ A：友だちと 遊んで、何を しますか。
B：うちへ 帰って、テレビを 見ます。

❽ A：テレビを 見て、何を しますか。
B：晩ごはんを 食べて、お茶を 飲みます。

❾ A：お茶を 飲んで、何を しますか。
B：シャワーを 浴びて、宿題を します。

❿ A：宿題を して、何を しますか。
B：恋人に 電話を かけて、夜 12時に 寝ます。

Unit 09 S09_02

01

❶ A : まつりを 見た こと ある。
B : うん、ある。
ううん、ない。

❷ A : 日本の ラーメンを 食べた こと ある。
B : うん、ある。
ううん、ない。

❸ A : お金を 拾った こと ある。
B : うん、ある。
ううん、ない。

❹ A : 授業を サボった こと ある。
B : うん、ある。
ううん、ない。

❺ A : 友だちと けんかを した こと ある。
B : うん、ある。
ううん、ない。

02 S09_03

❶ A : 外国に 住んだ ことが ありますか。
B : はい、(住んだ ことが) あります。
A : どこに 住みましたか。
B : イギリスに 住みました。

❷ A : 芸能人に 会った ことが ありますか。
B : はい、(会った ことが) あります。
A : いつ 会いましたか。
B : 先週 会いました。

❸ A : 日本料理を 作った ことが ありますか。
B : はい、(作った ことが) あります。
A : 何を 作りましたか。

B : かつどんを 作りました。

❹ A : 海外旅行に 行った ことが ありますか。
B : はい、(行った ことが) あります。
A : 誰と 行きましたか。
B : 家族と 行きました。

❺ A : テレビに 出た ことが ありますか。
B : はい、(出た ことが) あります。
A : どんな 番組に 出ましたか。
B : クイズ番組に 出ました。

Unit 10 S10_02

01

❶ A : 暇な 時は 何を しますか。
B : 友だちと おしゃべりを したり、
雑誌を 読んだりします。

❷ A : 夜は 何を しますか。
B : 日記を 書いたり、友だちに メールを
送ったりします。

❸ A : 休みの 日は 何を しますか。
B : 昼寝を したり、料理を 作ったり します。

❹ A : 昨日は 何を しましたか。
B : 犬と 遊んだり、友だちに 会ったり
しました。

❺ A : 夏休みに 何を しましたか。
B : ジムに 行ったり、山に 登ったり しました。

02　S10_03

①
A：いつ、日本語を 始めましたか。
B：先月、始めた ばかりですから、　　まだ
下手です。

②
A：いつ、昼ごはんを 食べましたか。
B：さっき、食べた ばかりですから、
おなかが いっぱいです。

③
A：いつ、この 車を 買いましたか。
B：去年、買った ばかりですから、
まだ 新しいです。

④
A：いつ、会社に 入りましたか。
B：3ヵ月前に 入った ばかりですから、
毎日忙しいです。

⑤
A：いつ、韓国に 来ましたか。
B：半年前に 来た ばかりですから、
まだ 韓国語が 難しいです。

Unit 11　S11_02

01

①
A：コーヒー、飲む。
B：うん、飲む。
ううん、飲まない。

②
A：今日、友だちに 会う。
B：うん、会う。
ううん、会わない。

③
A：明日、学校へ 来る。
B：うん、来る。
ううん、来ない。

④
A：週末、約束、ある。
B：うん、ある。
ううん、ない。

⑤
A：よく、辛い物、食べる。
B：うん、食べる。
ううん、食べない。

02　S11_03

①
A：ここで 遊んでも いいですか。
B：危ないから、ここで 遊ばないで ください。

②
A：犬を 連れてきても いいですか。
B：犬が 嫌いだから、犬を 連れてこないで
ください。

③
A：ごみを 捨てても いいですか。
B：店の 前だから、ごみを 捨てないで
ください。

④
A：電話に 出ても いいですか。
B：授業中だから、電話に 出ないで ください。

⑤
A：お風呂に 入っても いいですか。
B：熱が あるから、お風呂に 入らないで
ください。

03 S11_04

❶ A : 短く 切って ください。
B : はい、わかりました。短く 切ります。

❷ A : 早く 学校へ 来て ください。
B : はい、わかりました。早く 学校へ 来ます。

❸ A : きれいに 洗って ください。
B : はい、わかりました。きれいに 洗います。

❹ A : 簡単に 話して ください。
B : はい、わかりました。簡単に 話します。

❺ A : 真面目に 勉強を して ください。
B : はい、わかりました。真面目に 勉強を
します。

Unit 12 S12_02

01

❶ A : 自転車に 乗る ことが できますか。
B : はい、(乗る ことが) できます。
いいえ、(乗る ことが) できません。

❷ A : ピアノを 弾く ことが できますか。
B : はい、(弾く ことが) できます。
いいえ、(弾く ことが) できません。

❸ A : 毎朝 5時に 起きる ことが できますか。
B : はい、(起きる ことが) できます。
いいえ、(起きる ことが) できません。

❹ A : 英語を 教える ことが できますか。
B : はい、(教える ことが) できます。
いいえ、(教える ことが) できません。

❺ A : 車を 運転する ことが できますか。
B : はい、(運転する ことが) できます。
いいえ、(運転する ことが) できません。

02 S12_03

❶ A : 寝る 前に、何を しますか。
B : 寝る 前に、歯を 磨きます。

❷ A : デートに 行く 前に、何を しますか。
B : デートに 行く 前に、化粧を します。

❸ A : 部屋に 入る 前に、何を しますか。
B : 部屋に 入る 前に、くつを 脱ぎます。

❹ A : 留学する 前に、何を しますか。
B : 留学する 前に、日本語を 習います。

❺ A : うちに 帰る 前に、何を しますか。
B : うちに 帰る 前に、宿題を 出します。

03 S12_04

❶ A : 運動を した 後で、何を しますか。
B : 運動を した 後で、シャワーを 浴びます。

❷ A : うちに 帰った 後で、何を しますか。
B : うちに 帰った 後で、単語を 覚えます。

❸ A : レポートを 書いた 後で、何を しますか。
B : レポートを 書いた 後で、メールで
送ります。

❹ A : 授業が 終わった 後で、何を しますか。
B : 授業が 終わった 後で、質問を します。

❺ A : 会社を 辞めた 後で、何を しますか。
B : 会社を 辞めた 後で、大学院に 入ります。

독해력 무럭무럭 Reading ① (P.66)

9월 1일 (토) 맑음 ♪

나는 오늘 역 앞의 백화점에 갔습니다.

거기에서 요시꼬 씨의 생일 선물을 샀습니다.

오늘은 토요일이었기 때문에, 사람이 정말로 많고 북적거렸습니다.

나는 우선 2층에서 시계를 봤습니다.

하지만 좋은 시계가 없었기 때문에 사지 않았습니다.

그리고 나서 1층에서 가방을 봤습니다.

요시꼬 씨가 좋아하는 빨갛고 귀여운 가방이 있었습니다.

조금 비쌌지만, 그것을 샀습니다.

내일은 요시꼬 씨의 생일입니다.

내일 파티가 기대됩니다.

★ 확인하기 정답 ❶ ○ ❷ X ❸ X

독해력 무럭무럭 Reading ② (P.116)

처음 뵙겠습니다. 저는 다나카 미호입니다.

20살이고, 대학교 1학년입니다.

한국에서 한국어를 공부하는 중입니다.

한국을 아주 좋아하기 때문에, 한국 드라마를 자주 봅니다.

그리고 한국 아이돌을 좋아해서 지금 노래도 연습하는 중입니다.

하지만 한국어를 그다지 잘하지 못해서 아직 어렵습니다.

저는 한국어를 좀 더 공부하고 싶습니다.

한국인 친구가 없기 때문에 친구가 있으면 좋겠습니다.

한국인 여러분, 저와 일본어와 한국어로 이야기하지 않을래요?

함께 전화로 이야기하면서 공부합시다.

아래의 전화번호로 전화해 주세요. 잘 부탁합니다.

☎ 010-2345-6789

★ 확인하기 정답 ❶ X ❷ X ❸ ○

독해력 무럭무럭 Reading ③ (P.166)

미호 씨 잘 지내세요?

저는 잘 지냅니다만, 최근에 살이 쪄서 지금 다이어트를 하고 있습니다.

하지만, 좀처럼 살이 빠지지 않아서 걱정입니다.

다이어트 때는 아침과 낮에는 먹어도 되지만, 밤 늦게 먹어서는 안 됩니다.

하지만 때때로 밤 늦게 먹고 맙니다.

어제도 친구가 놀러 왔기 때문에, 함께 맥주를 마시면서 치킨을 먹고 말았습니다.

그래서 오늘은 헬스클럽에 가서, 열심히 운동을 했습니다.

다이어트는 전에도 한 적이 있습니다만, 실패하고 말았습니다.

하지만 이번에는 반드시 다이어트를 해서 바다에 놀러 가고 싶습니다.

미호 씨, 올 여름에는 함께 바다에 놀러 갑시다.

마리로부터

★ 확인하기 정답 ❶ ○ ❷ X ❸ X

독해력 무럭무럭 Reading ④ (P.220)

동경 헬스클럽

여러분, 요즘 운동하고 있습니까?

저희 헬스클럽에서는 뛰기도 하고, 수영도 하고, 춤도 추는 여러 가지 운동을 할 수 있습니다.

음악을 듣거나, 텔레비전을 보거나 하면서 즐겁게 운동할 수 있습니다.

운동하기 전에 트레이너와 상담도 할 수 있습니다.

사우나가 생긴 지 얼마 안됐기 때문에 운동한 후에는 사우나를 할 수도 있습니다.

자, 당신도 오늘부터 함께 운동하지 않겠습니까?

※주의

1. 헬스장 안에서는 음식을 먹지 마세요.
   음료수는 마셔도 됩니다.

2. 애완동물은 데리고 오지 마세요.

3. 헬스장 안에서는 담배를 피워서는 안됩니다.
   담배는 밖에 나가서 피우세요.

4. 매주 수요일은 휴일입니다.

★ 확인하기 정답 ❶ X ❷ X ❸ ○

Memo

듣고 말하기 집중 훈련으로 일본어가 쑥쑥!
스쿠스쿠
일본어
독학 첫걸음
포인트 북
PAGODA Books

스쿠스쿠 일본어 독학 첫걸음

포인트 북

PAGODA Books

 **차 례**

● 동영상 / MP3 다운로드 www.pagodabook.com

	あ행 (아)	か행 (카)	さ행 (사)	た행 (타)	な행 (나)
あ단 (아)	あ 아  あり 개미	か 카  かお 얼굴	さ 사  さる 원숭이	た 타  たこ 문어	な 나  なし 배
い단 (이)	い 이  いぬ 개	き 키  きく 국화	し 시  しか 사슴	ち 치  ちかてつ 지하철	に 니  にわ 마당
う단 (우)	う 우  うえ 위	く 쿠  くつ 구두	す 스  すいか 수박	つ 츠  つき 달	ぬ 누 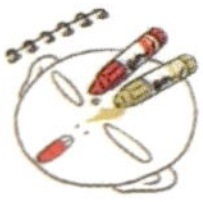 ぬりえ 색칠그림
え단 (에)	え 에  えき 역	け 케  けむり 연기	せ 세  せみ 매미	て 테  てんき 날씨	ね 네  ねこ 고양이
お단 (오)	お 오  おに 도깨비	こ 코  こま 팽이	そ 소  そら 하늘	と 토  とけい 시계	の 노  のり 김

は행 하	ま행 마	や행 야	ら행 라	わ행 와	
は 하	**ま** 마	**や** 야	**ら** 라	**わ** 와	**ん** 응
はさみ 가위	まめ 콩	やかん 주전자	らいねん 내년	わに 악어	きん 금
ひ 히	**み** 미		**り** 리		
ひかり 빛	みみ 귀		りす 다람쥐		
ふ 후	**む** 무	**ゆ** 유	**る** 루		
ふね 배	むすこ 아들	ゆめ 꿈	るす 부재중		
へ 헤	**め** 메		**れ** 레		
へや 방	めん 국수		れんらく 연락		
ほ 호	**も** 모	**よ** 요	**ろ** 로	**を** 오	
ほん 책	もり 숲	よる 밤	ろうそく 촛불	すしを たべる 초밥을 먹다	

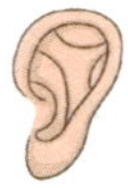

	ア행 아	カ행 카	サ행 사	タ행 타	ナ행 나
ア단 아	ア 아 アクセサリー 액세서리	カ 카 カメラ 카메라	サ 사 サイコロ 주사위	タ 타 タクシー 택시	ナ 나 ナイフ 나이프/칼
イ단 이	イ 이 インク 잉크	キ 키 キリン 기린	シ 시 シーソー 시소	チ 치 チーズ 치즈	ニ 니 ニュース 뉴스
ウ단 우	ウ 우 ウエハース 웨하스	ク 쿠 クリスマス 크리스마스	ス 스 スニーカー 운동화	ツ 츠 ツリー 트리	ヌ 누 ヌードル 누들/국수
エ단 에	エ 에 エアコン 에어컨	ケ 케 ケータイ 휴대폰	セ 세 セーター 스웨터	テ 테 テレビ 텔레비전	ネ 네 ネックレス 목걸이
オ단 오	オ 오 オムライス 오므라이스	コ 코 コーヒー 커피	ソ 소 ソーセージ 소시지	ト 토 トイレ 화장실	ノ 노 ノート 노트

ハ행 하	マ행 마	ヤ행 야	ラ행 라	ワ행 와	
ハ 하	**マ** 마	**ヤ** 야	**ラ** 라	**ワ** 와	**ン** 응
ハンバーガー 햄버거	マフラー 머플러	タイヤ 타이어	ラジオ 라디오	ワイン 와인	パソコン 컴퓨터
ヒ 히	**ミ** 미		**リ** 리		
ヒーター 히터	ミルク 밀크/우유		リボン 리본		
フ 후	**ム** 무	**ユ** 유	**ル** 루		
フライパン 후라이팬	ゲーム 게임	ユニホーム 유니폼	ルーレット 룰렛		
ヘ 헤	**メ** 메		**レ** 레		
ヘリコプター 헬리콥터	メロン 멜론		レポート 리포트		
ホ 호	**モ** 모	**ヨ** 요	**ロ** 로	**ヲ** 오	
ホテル 호텔	モデル 모델	ヨーグルト 요구르트	ロケット 로켓		

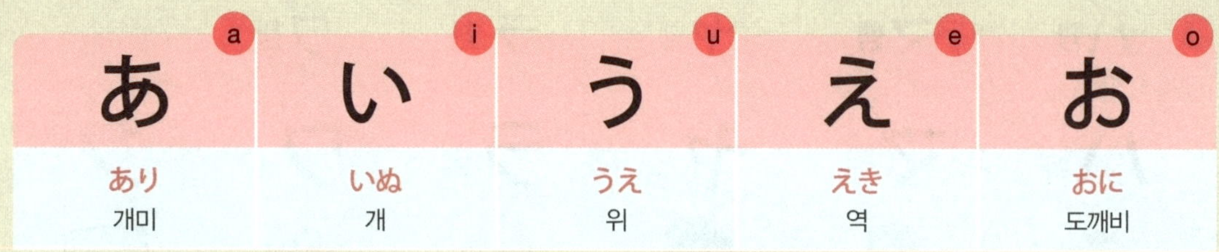

> **TIP** 「あ・い・う・え・お」는 일본어의 모음이며, 발음은 우리말의 [아・이・우・에・오]와 비슷합니다.

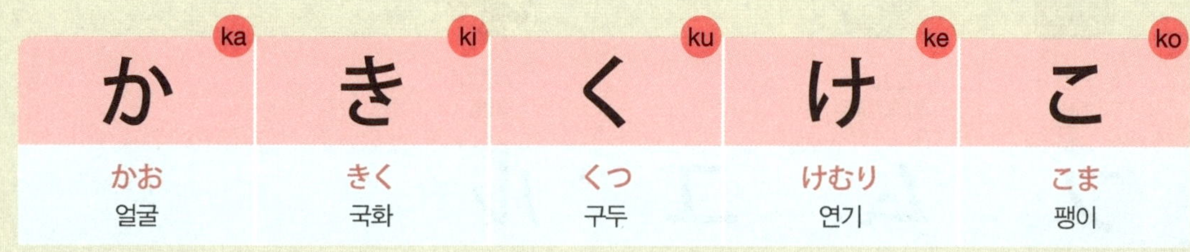

> **TIP** 「あ・い・う・え・お」에 [k]를 붙인 발음으로, 단어의 처음에 오면 우리말의 [ㄱ]과 [ㅋ]의 중간음으로 발음되고, 중간이나 끝에 오면 우리말의 [ㄲ]에 비슷하게 발음합니다.

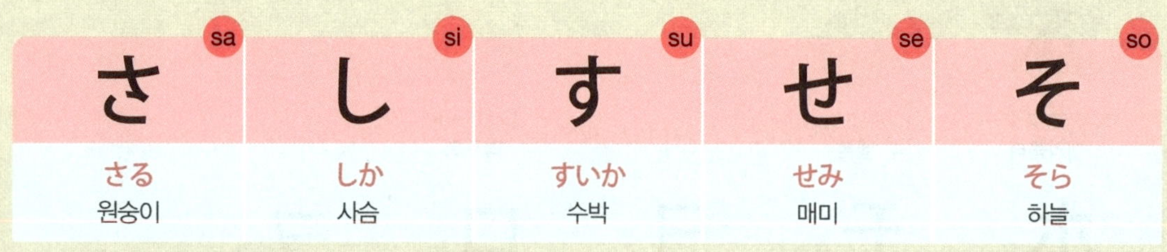

> **TIP** 「あ・い・う・え・お」에 [s]를 붙인 발음으로, 우리말의 [사・시・스・세・소]와 비슷합니다.
> 「す」는 우리말의 [수]와 [스]의 중간 발음이지만 [스]에 가까운 발음입니다.

> **TIP** 「た행」발음은 「あ·え·お」에 [t]를 붙여서 우리말의 [타·테·토]와 비슷한 발음의 「た·て·と」와, 우리말의 [치]에 가까운 발음인 「ち」, 우리말의 [츠]에 가까운 발음인 「つ」로 나뉩니다. 처음에 나올 때는 우리말의 [ㅌ,ㅊ]에 가까운 발음이지만, 중간이나 끝에 오면 된소리로 변하여 우리말의 [ㄸ,ㅉ]와 비슷하게 발음합니다.

> **TIP** 「あ·い·う·え·お」에 [n]을 붙인 발음으로 우리말의 [나·니·누·네·노]와 비슷합니다. 「ぬ」는 우리말의 [누]와 [느]의 중간 발음입니다.

> **TIP** 「あ·い·う·え·お」에 [h]을 붙인 발음으로 우리말의 [하·히·후·헤·호]와 비슷합니다.

ま ma	み mi	む mu	め me	も mo
まめ	みみ	むすこ	めん	もり
콩	귀	아들	국수	숲

> **TIP** 「あ・い・う・え・お」에 [m]을 붙인 발음으로 우리말의 [마・미・무・메・모]와 비슷합니다.

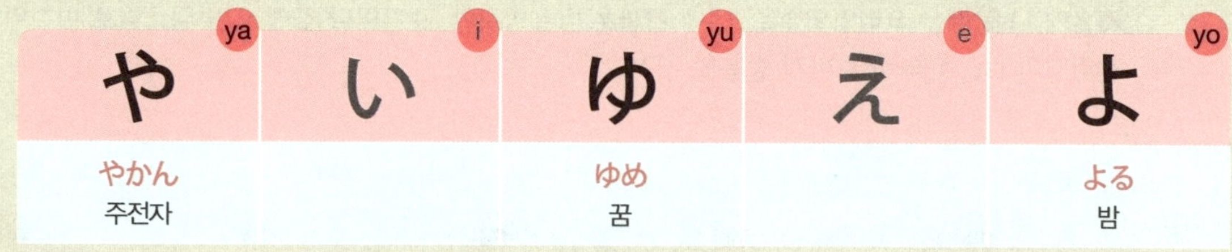

や ya	い i	ゆ yu	え e	よ yo
やかん		ゆめ		よる
주전자		꿈		밤

> **TIP** 「や・ゆ・よ」는 일본어의 반모음이며, 발음은 우리말의 [야・유・요]와 비슷합니다.

ら ra	り ri	る ru	れ re	ろ ro
らいねん	りす	るす	れんらく	ろうそく
내년	다람쥐	부재중	연락	촛불

> **TIP** 「あ・い・う・え・お」에 [r]을 붙인 발음으로, 우리말의 [라・리・루・레・로]와 비슷합니다.

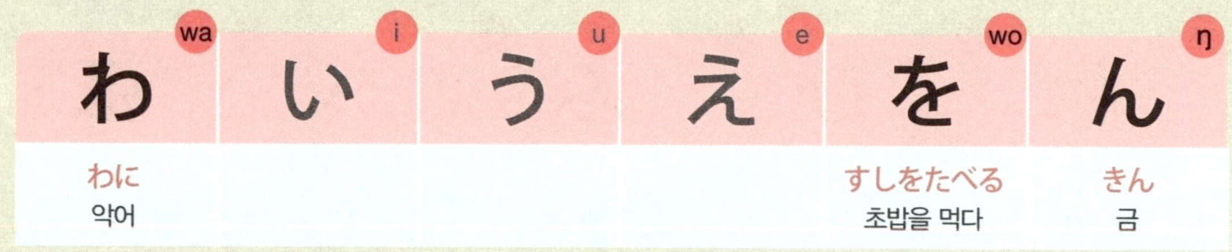

わ wa	い i	う u	え e	を wo	ん ŋ
わに				すしをたべる	きん
악어				초밥을 먹다	금

> **TIP** 「わ」는 일본어의 반모음이며, 발음은 우리말의 [와]와 같습니다.
> 「を」는 [~을/를]이라는 의미의 조사로만 사용되며, 발음은 [お]와 같습니다.
> 「ん」은 우리말의 받침 역할을 합니다.

탁음

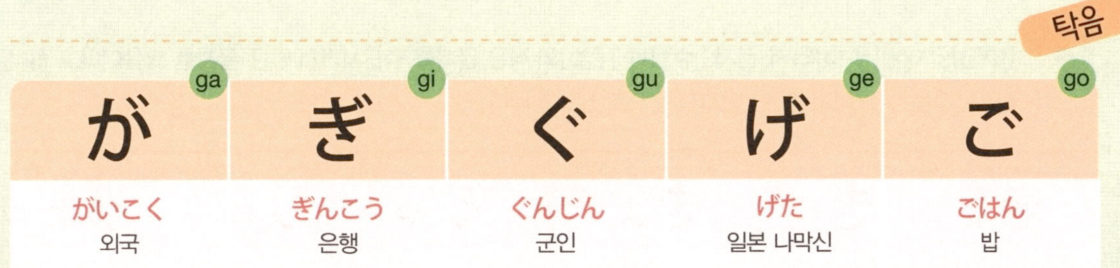

が ga	ぎ gi	ぐ gu	げ ge	ご go
がいこく	ぎんこう	ぐんじん	げた	ごはん
외국	은행	군인	일본 나막신	밥

TIP [が행]의 발음은 영어의 [g]와 같은 발음으로, 우리말의 [ㄱ]과는 다른 발음이므로 주의합니다.

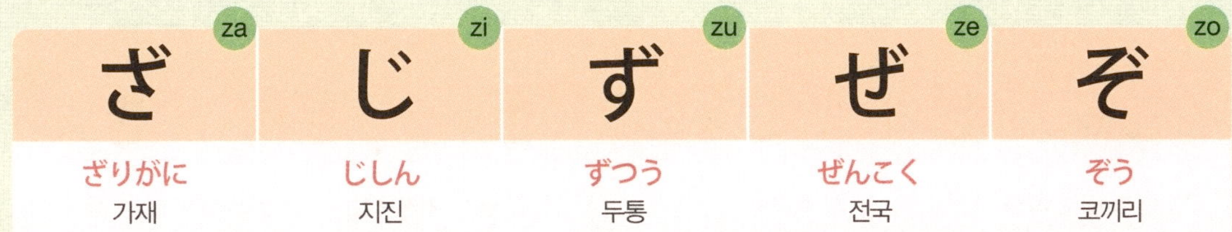

ざ za	じ zi	ず zu	ぜ ze	ぞ zo
ざりがに	じしん	ずつう	ぜんこく	ぞう
가재	지진	두통	전국	코끼리

TIP [ざ행]의 발음은 우리말에 없는 발음이므로 주의합니다. 영어의 [z] 발음과 같습니다.

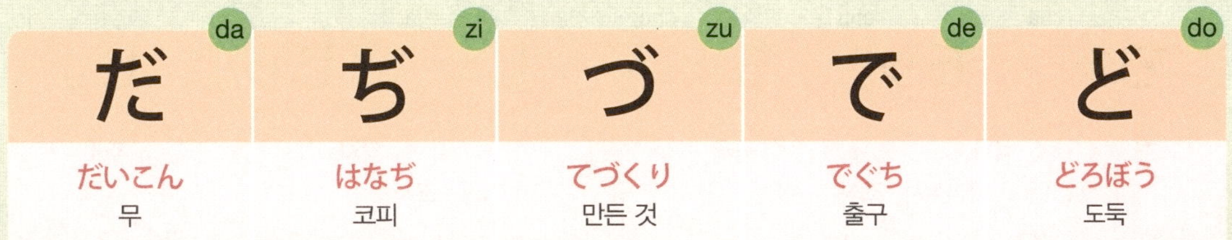

だ da	ぢ zi	づ zu	で de	ど do
だいこん	はなぢ	てづくり	でぐち	どろぼう
무	코피	만든 것	출구	도둑

TIP [だ행]의 [だ] [で] [ど]의 발음은 영어의 [d]와 같은 발음입니다. [ぢ] [づ]는 [じ] [ず]와 발음이 같습니다.

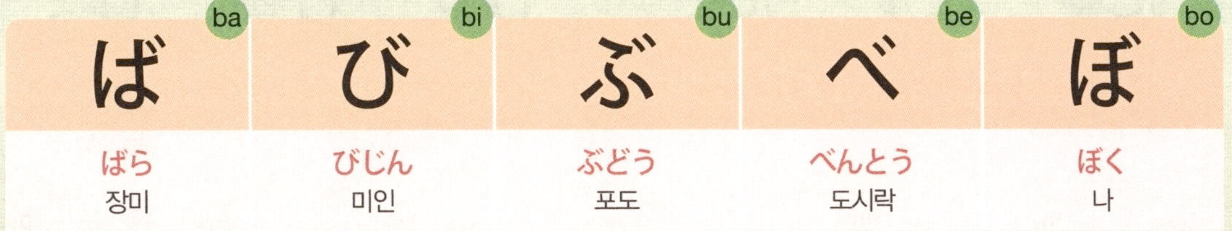

ば ba	び bi	ぶ bu	べ be	ぼ bo
ばら	びじん	ぶどう	べんとう	ぼく
장미	미인	포도	도시락	나

TIP [ば행]의 발음은 영어의 [b] 발음과 같습니다.

반탁음

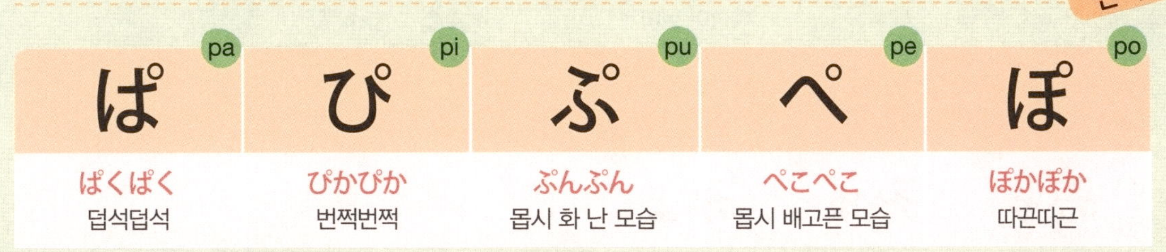

ぱ pa	ぴ pi	ぷ pu	ぺ pe	ぽ po
ぱくぱく	ぴかぴか	ぷんぷん	ぺこぺこ	ぽかぽか
덥석덥석	번쩍번쩍	몹시 화 난 모습	몹시 배고픈 모습	따끈따끈

TIP [ぱ행]의 발음은 단어의 처음에 올 때는 영어의 [p] 발음에 가까운 발음이고, 단어의 중간이나 뒤에 올 때는 우리말의 [ㅃ]에 가까운 발음입니다.

 히라가나를 외우자 동영상 강의

요음 ◎ Track 04

[い단]글자에 [や행]의 세 글자 [や] [ゆ] [よ]의 작은 글자를 결합시켜서 만든 글자를 요음이라고 합니다. 글자는 두 개이지만, 한 박자의 음으로 발음합니다.

kya	kyu	kyo
きゃ	きゅ	きょ

きゃく 손님　　きゅうり 오이
きょうだい 형제

rya	ryu	ryo
りゃ	りゅ	りょ

りゃくじ 약자　　りゅうこう 유행
りょうり 요리

sya	syu	syo
しゃ	しゅ	しょ

しゃしん 사진　　しゅみ 취미
しょうせつ 소설

gya	gyu	gyo
ぎゃ	ぎゅ	ぎょ

ぎゃく 거꾸로 임　　ぎゅうにゅう 우유
ぎょうじ 행사

cha	chu	cho
ちゃ	ちゅ	ちょ

ちゃくりく 착륙　　ちゅうごく 중국
ちょうしょく 아침식사, 조식

ja	ju	jo
じゃ	じゅ	じょ

じゃがいも 감자　　じゅうしょ 주소
じょし 조사

nya	nyu	nyo
にゃ	にゅ	にょ

にゃあにゃあ 야옹야옹　　にゅうし 입시
にょうぼう 처

bya	byu	byo
びゃ	びゅ	びょ

びゃくや 백야　　びゅんびゅん 자동차 등이 빠르게 지나는 모양
びょうき 병

hya	hyu	hyo
ひゃ	ひゅ	ひょ

ひゃく 백　　ひゅうひゅう 바람이 심하게 부는 모습
ひょうか 평가

pya	pyu	pyo
ぴゃ	ぴゅ	ぴょ

はっぴゃく 팔백
ぴょんぴょん 깡총깡총

mya	myu	myo
みゃ	みゅ	みょ

みゃく 맥　　みょうじ 성

ん　[ん]은 우리말의 받침과 같은 역할을 합니다.
뒤에 오는 글자에 따라서 네 가지 (ㄴ, ㅇ, ㅁ, ㄴ과 ㅇ의 중간음)으로 발음되며,
다른 글자와 마찬가지로 한 박자로 발음합니다.

1 [ま] [ば] [ぱ]행의 앞에서는 [m]으로 발음합니다.

うんめい 운명　　　こんぶ 다시마　　　えんぴつ 연필

ぶんぽう 문법

2 [さ] [ざ] [た] [だ] [な] [ら]행의 앞에서는 [n]으로 발음합니다.

せんせい 선생님　　　かんじ 한자　　　はんたい 반대

ほんだな 책장　　　あんない 안내　　　べんり 편리

3 [か] [が] 행의 앞에서는 [ŋ]으로 발음합니다.

ぶんか 문화　　　おんがく 음악　　　にんき 인기

にんげん 인간　　　りんご 사과

4 단어의 끝에 오거나, [あ] [は] [や] [わ] 행의 앞에서는 [ŋ]과 [n]의 중간
발음으로 [N]이 됩니다.

にほん 일본　　　れんあい 연애　　　しんや 심야

でんわ 전화

 っ 작은 [っ]는 다른 글자의 오른쪽 아래에 붙여서 우리말의 받침(ㄱ, ㅅ, ㄷ, ㅂ등)과 같은 역할을 하는데 뒤에 오는 글자에 따라서 발음이 달라집니다. 다른 글자와 마찬가지로 한 박자로 발음합니다.

1 [か]행의 앞에서는 [k]로 발음합니다.

ぶっか 물가　　　　　にっき 일기　　　　　びっくり 깜짝 놀람

せっけん 비누　　　　がっこう 학교

2 [さ]행의 앞에서는 [s]로 발음합니다.

いっさい 일체　　　　ざっし 잡지　　　　　せっすい 물 절약

けっせき 결석　　　　さっそく 당장

3 [た]행의 앞에서는 [t]로 발음합니다.

はったつ 발달　　　　がっちり 다부진 모습　　　やっつ 여덟

あさって 내일 모레　　おっと 남편

4 [ぱ] 행의 앞에서는 [p]로 발음합니다.

さっぱり 개운한 모습　　いっぴん 일품　　　　しっぷ 찜질

ほっぺ 볼　　　　　　からっぽ 속이 텅 빈 모습

같은 모음이 뒤에 올 때는 뒤의 글자의 발음은 생략되고 앞에 오는 글자를 길게 발음합니다. 다른 글자와 마찬가지로 한 박자로 발음합니다.

1 [あ]단 글자 뒤에 [あ]가 오면 장음으로 발음합니다.

おかあさん 어머니   おばあさん 할머니   まあまあ 그럭저럭

2 [い]단 글자 뒤에 [い]가 오면 장음으로 발음합니다.

おにいさん 형, 오빠   おじいさん 할아버지   きいろ 노랑

3 [う]단 글자 뒤에 [う]가 오면 장음으로 발음합니다.

くうき 공기   ふうふ 부부   すうがく 수학

4 [え]단 글자 뒤에 [え] 또는 [い]가 오면 장음으로 발음합니다.

おねえさん 누나, 언니   えいご 영어   がくせい 학생

5 [お]단 글자 뒤에 [お] 또는 [う]가 오면 장음으로 발음합니다.

こおり 얼음   おとうさん 아버지   こうえん 공원

unit.01
동영상 강의

안녕하세요.(아침/점심/저녁)

1-1

おはようございます。
오 하 요 - 고 자 이 마 스

こんにちは。
콘　　니　찌　와

こんばんは。
콤　　방　　와

✚ [おはようございます]는 친구 사이나 아랫사람에게는 정중한 의미의 [ございます]를 생략하고 [おはよう]로 사용하기도 합니다.

아침 인사

おはようございます。	안녕하세요.
おはようございます。	안녕하세요.

점심 인사

[こんにちは], [こんばんは]의 [は]는 [wa]로 발음합니다.

こんにちは。	안녕하세요.
こんにちは。	안녕하세요.

저녁 인사

こんばんは。	안녕하세요.
こんばんは。	안녕하세요.

안녕히 가세요. / 안녕히 계세요.

1-2　さよ(う)なら。 / さよ(う)なら。
사 요 - 나 라　　사 요 - 나 라

➕ [さよ(う)なら]는 공적인 장소나 학교, 학원에서 헤어질 때, 또는 오랫동안 만나지 못할 때에 사용합니다.

일반적으로 헤어질 때는 [그럼 또 보자]라는 의미의 [じゃあ、また]를 사용합니다. 친구 사이는 [그럼] [또 보자]라는 의미의 [じゃあね] [またね]를 사용합니다.

항상 만나는 경우는 [あした(내일)] 또는 [らいしゅう(다음 주)]를 넣어서 [그럼 내일 또 보자], [그럼 다음 주에 또 보자]라는 의미의 [じゃあ、また あした] [じゃあ、また らいしゅう]를 사용합니다.

□ また　또
□ あした　내일
□ らいしゅう
　　다음 주

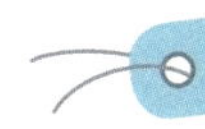
헤어질 때 인사

さよ(う)なら。
안녕히 계세요.

さよ(う)なら。
안녕히 가세요.

대단히 감사합니다. / 아니오, 천만에요.

1-3　どうも、ありがとうございます。
도 - 모　아 리 가 또 - 고 자 이 마 스

いいえ、どういたしまして。
이 - 에　도 - 이 따 시 마 시 떼

➕ [どうも、ありがとうございます]는 정중한 형태의 감사이며, [ありがとうございます] 만을 사용하기도 합니다.

친구 사이나 아랫사람에게는 [ありがとう]로 사용합니다.

감사

□ どうも　대단히
□ いいえ　아니오

どうも、ありがとうございます。
대단히 감사합니다.

いいえ、どういたしまして。
아니오, 천만에요.

1-4
すみません。
스 미 마 셍

いいえ、だいじょうぶです。
이 - 에 다 이 죠 - 부 데 스

➕ [すみません]과 [ごめんなさい]는 모두 "미안합니다"라는 의미로 사용되지만, [すみません]쪽이 조금 더 정중한 느낌입니다.

친구들에게 "미안해" 라고 할 때는 [ごめん]이라고 사용합니다.

사과

すみません。
죄송합니다.

いいえ、だいじょうぶです。
아니오, 괜찮습니다.

1-5
はじめまして。
하 지 메 마 시 떼

どうぞ よろしく おねがいします。
도 - 조 요 로 시 꾸 오 네 가 이 시 마 스

こちらこそ、よろしく おねがいします。
코 치 라 꼬 소 요 로 시 꾸 오 네 가 이 시 마 스

[どうぞ、よろしく おねがいします]는 정중한 형태입니다.

[おねがいします] 를 생략하고 [どうぞ、よろしく]만을 사용하기도 합니다.

소개

はじめまして。

どうぞ よろしく おねがいします。
처음 뵙겠습니다. 아무쪼록 잘 부탁합니다.

こちらこそ。

どうぞ よろしく おねがいします。
저야말로. 잘 부탁합니다.

1-6

おげんきですか。
오 겡 끼 데 스 까

はい、おかげさまで。
하 이 오 까 게 사 마 데

おげんきですか。
잘 지내세요?

はい、おかげさまで。
예, 덕분에요.

1-7

いってきます。
잇 떼 끼 마 스

いってらっしゃい。
잇 떼 랏 샤 이

✚ [いってきます(다녀오겠습니다)]는 집에서 외출할 때뿐 아니라, 회사에서 외근을 나가
거나, 출장을 갈 때 사용하기도 하는 인사입니다. 안에 있는 사람은 [いってらっしゃい
(잘 다녀오세요)]로 인사합니다.

いってきます。
다녀오겠습니다.

いってらっしゃい。
잘 다녀오세요.

1-8

ただいま。
타 다 이 마

おかえりなさい。
오 까 에 리 나 사 이

✚ [ただいま (다녀왔습니다)]는 외출해서 집에 돌아왔을 때, 외근이나 출장에서 돌아왔을 때 사용합니다. 맞이하는 사람은 [おかえりなさい (어서 돌아오세요)]로 인사합니다.

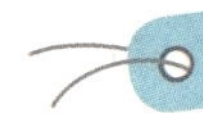

ただいま。
다녀왔습니다.

おかえりなさい。
어서 돌아오세요.

1-9

どうぞ。
도 - 조

ありがとうございます。
아 리 가 또 - 고 자 이 마 스

✚ [どうぞ]는 [어서 ~하세요]라는 의미로 상대방에게 어떤 일을 권할 때 사용하는 말입니다. 동사를 몰라도 손동작을 이용하여 다양한 표현을 할 수 있는 아주 유용한 표현이므로 꼭 외워두도록 합시다.

[どうぞ]로 권유를 받았을 때, [ありがとうございます] 대신에 [どうも]를 사용하기도 합니다.

どうぞ。
어서 들어가세요.

ありがとうございます。
감사합니다.

1-10

いただきます。
이 따 다 끼 마 스

ごちそうさまでした。
고 치 소 - 사 마 데 시 따

いただきます。
잘 먹겠습니다.

ごちそうさまでした。
잘 먹었습니다 .

unit.02
동영상 강의

드라마나 만화등에서 접할 수 있는 1인칭(나)를 나타내는 [ぼく]나 [おれ], 2인칭(너)를 나타내는 [おまえ]나 [ぎみ]는 주의해서 사용해야 합니다. 특히 손윗사람에게 사용해서는 안된답니다.

인칭대명사

2-1

1인칭	わたし	저, 나
2인칭	あなた	당신, 너
3인칭	かれ / かのじょ	그 / 그녀
부정칭	だれ / どなた	누구 / 어느 분

✛ 상대방의 이름을 모를 때는 [あなた]를 사용하는 경우도 있지만, 손윗사람에게 [あなた]를 사용하는 것은 실례가 되므로 주의합시다.

보통 실제 회화에서는 [あなた]를 생략하고 사용하는 경우가 거의 대부분입니다.

　당신은 회사원입니까? ⇨ 회사원입니까?

상대방의 이름을 아는 경우에는 [あなた] 대신에 이름을 넣어서 사용합니다.

　당신은 회사원입니까? ⇨ 스즈키 씨는 회사원입니까?

~씨

2-2 ～さん
상

[~さん]은 상대방, 또는 제3자의 이름이나 성에 붙여서 높여주는 것이기 때문에 자신의 이름이나 성에 붙여서는 안됩니다.

すずきさんは　せんせいです。　　　　스즈키 씨는 선생님입니다.

きむらさんは　にほんじんです。　　　기무라 씨는 일본인입니다.

~은/는 ~입니다.

2-3 ～は　～です。
와　　데 스

□ せんせい 선생님

□ にほんじん 일본인

□ かいしゃいん
회사원

□ かのじょ 그녀

□ かんこくじん
한국인

✛ [~은/는]이라는 뜻의 조사 [~は]는 그 앞에 붙는 명사가 문장의 주어임을 나타내며, [wa]로 발음합니다.

✛ [~です]는 [~입니다]라고 서술할 때 사용합니다. 과거를 나타내거나 부정문에서는 형태가 바뀌게 됩니다.

わたしは　かいしゃいんです。　　　　저는 회사원입니다.

かのじょは　かんこくじんです。　　　그녀는 한국인입니다.

2-4 ～は ～ですか。
와 데 스 까

~은/는 ~입니까?

なかむらさんは ぎんこういんですか。　　　나카무라 씨는 은행원입니까?

あなたは やまださんですか。　　　당신은 야마다 씨입니까?

일본어에서는 문장의 끝에 [**か**]가 오는 의문문에 물음표(?)를 넣지 않고, 끝부분을 올려서 발음합니다.

□ **きむら** 기무라(일본인 성)

□ **ぎんこういん** 은행원

□ **やまだ** 야마다(일본인 성)

□ **すずき** 스즈키(일본인 성)

□ **がくせい** 학생

□ **かれ** 그

□ **ちゅうごくじん** 중국인

2-5 はい、～です。
하 이 데 스

예, ~입니다.

✚ 질문의 내용이 옳다고 판단하거나, 동의할 때 [はい]로 대답합니다.

はい、ぎんこういんです。　　　예, 은행원입니다.

はい、やまだです。　　　예, 야마다입니다.

2-6 いいえ、～じゃ (では)ありません。
이 - 에 쟈 (데와) 아 리 마 셍

아니오, ~이/가 아닙니다.

✚ 질문의 내용이 맞지 않거나, 동의하지 않을 때는 [いいえ]로 대답합니다.

✚ [じゃ(では)ありません]은 [～です]의 부정형으로 [~이/가 아닙니다]라는 의미입니다.

いいえ、ぎんこういんじゃ(では)ありません。　　　아니오, 은행원이 아닙니다.

いいえ、やまだじゃ(では)ありません。すずきです。

아니오, 야마다가 아닙니다. 스즈키입니다.

[では]와 [じゃ]는 같은 의미이지만, [では] 쪽이 조금 더 정중한 느낌으로 회화에서는 [じゃ] 쪽을 많이 사용합니다. [では]의 [は]는 [wa]로 발음합니다.

2-7 ～も ～です。
모 데 스

~도 ~입니다.

✚ 조사 [～も]는 [~도]라는 뜻으로 주제가 되는 서술이 앞에서 서술한 내용과 같은 경우에 [は] 대신에 사용합니다. [나는 학생입니다. 다나카 씨도 학생입니다]

たなかさんも がくせいです。　　　다나카 씨도 학생입니다.

かれも ちゅうごくじんです。　　　그도 중국인입니다.

지시어

3-1

これ 고 레	それ 소 레	あれ 아 레	どれ 도 레
이것	그것	저것	어느 것

➕ [これ(이것)]은 말하는 사람에 가까운 사물을 가리킬 때 사용합니다.

➕ [それ(그것)]은 듣는 사람(상대방)에 가까운 사물을 가리킬 때 사용합니다.

➕ [あれ(저것)]은 말하는 사람과 듣는 사람(상대방) 모두에게 멀리 떨어져 있는 것을 가리 킬 때 사용하고, 어느 것인지 확실하지 않을 때는 [どれ(어느 것)]을 사용합니다.

~은/는 ~무엇입니까?

3-2 ～は　なんですか。
와　난 데 스 까

[なんですか]로 질문할 때는 [はい(예), いいえ (아니오)]로 대답하지 않습니다.

□ しんぶん 신문
□ えんぴつ 연필
□ とけい 시계

これは　なんですか。	이것은 무엇입니까?
それは　しんぶんです。	그것은 신문입니다.
それは　なんですか。	그것은 무엇입니까?
これは　えんぴつです。	이것은 연필입니다.
あれは　なんですか。	저것은 무엇입니까?
あれは　とけいです。	저것은 시계입니다.

➕ 말하는 사람 쪽에 가까이 있는 사물을 가리키며 [これ(이것)]으로 질문하면 듣는 사람은 상대방에 가까운 사물이기 때문에 [それ(그것)]으로 대답합니다. 같은 원리로 [それ(그 것)]으로 질문하면 [これ(이것)]으로 대답하고, 두사람 모두에게서 먼 것을 가리키며 [あれ(저것)]으로 질문하면 [あれ(저것)]으로 대답합니다.

~은/는 ~입니다

3-3 〜は 〜です。
와 데스

+ [これ(이것)] [それ(그것)] [あれ(저것)]는 단독으로 사용하며, 뒤에 조사를 붙여서 사용합니다.

□ かさ 우산
□ いす 의자

これは かさです。　　　　　　　　　　　　　　　이것은 우산입니다.
あれは いすです。　　　　　　　　　　　　　　　저것은 의자입니다.

~은/는 ~입니까?

3-4 〜は 〜ですか。
와 데 스 까

□ さいふ 지갑
□ でんわ 전화

これは さいふですか。　　　　　　　　　　　　이것은 지갑입니까?
それは でんわですか。　　　　　　　　　　　　그것은 전화입니까?

예, ~입니다

3-5 はい、〜です。
하 이 데 스

はい、(それは) さいふです。　　　　　　　　　예, (그것은) 지갑입니다.
はい、(これは) でんわです。　　　　　　　　　예, (이것은) 전화입니다.

3-6　いいえ、〜じゃ (では)ありません。
이 - 에　　쟈　데 와 아 리 마　 셍

□ さいふ 지갑
□ でんわ 전화
□ とけい 시계

いいえ、(それは)　さいふじゃ(では)ありません。

아니오, (그것은) 지갑이 아닙니다.

いいえ、(これは)　でんわじゃ(では)ありません。　とけいです。

아니오, (이것은) 전화가 아닙니다. 시계입니다.

✚ [これ(이것)] [それ(그것)] [あれ(저것)]으로 질문할 때, 일반적인 명사를 사용한 의문문
처럼 맞으면 [はい(예)], 틀리면 [いいえ(아니오)]로 대답합니다.

✚ 대답할 때는 [これ] [それ] [あれ]를 생략하고 대답할 수 있습니다.

① 명사수식　② ~의　③ ~의 것

3-7　〜の
ㄴ

□ にほん 일본
□ しんぶん 신문
□ えいご 영어
□ ほん 책
□ つくえ 책상
け-たい
□ ケータイ 휴대폰
□ せんせい 선생님

これは　にほんの　しんぶんです。　　　　이것은 일본 신문입니다.

それは　えいごの　ほんです。　　　　그것은 영어 책입니다.

✚ [명사 の 명사]의 형태 중에서 앞에 있는 명사가 뒤에 있는 명사를 수식하는 형태입니
다. [일본 신문], [영어책]처럼 수식하는 형태의 [の]는 한국어로는 해석을 하지 않는 경
우가 많기 때문에 [の]를 빼고 쓰지 않도록 특별히 주의해야 합니다.

それは　わたしの　つくえです。　　　　그것은 나의 책상입니다.

あれは　たなかさんの　ケータイです。　　저것은 다나카 씨의 핸드폰입니다.

✚ [명사 の 명사]의 형태 중에서 앞에 있는 명사가 뒤에 오는 명사의 소유자임을 나타내는
형태로 [~의]로 해석합니다.

✚ [명사 의 명사]에서 소유자임을 나타낼 때, 뒤에 오는 명사가 문맥상 분명한 경우는 뒤의 명사를 생략하고 [~의 것]으로 해석합니다. 단 뒤에 오는 명사가 사람일 경우는 생략할 수 없습니다.

あれは　すずきさんのです。　　　　　　　　　저것은 스즈키 씨의 것입니다.

これは　せんせいのです。　　　　　　　　　이것은 선생님의 것입니다.

※ 일본어에서는 명사와 명사 사이에는 반드시 [の]를 넣는데, 고유 명사의 경우는 넣지 않습니다.

예　ソウルの　だいがく　　(서울에 있는 대학)

　　ソウルだいがく　　(서울 대학)

□ ソウル 서울
□ だいがく 대학

4-1 숫자 읽기

0	ゼロ / れい		
1	いち	10	じゅう
2	に	20	にじゅう
3	さん	30	さんじゅう
4	よん / し	40	よんじゅう
5	ご	50	ごじゅう
6	ろく	60	ろくじゅう
7	なな / しち	70	ななじゅう
8	はち	80	はちじゅう
9	きゅう / く	90	きゅうじゅう

✚ [0~9]에서 읽는 방법이 2개씩 있는 [4, 7, 9]는 각각 사용하는 용도가 다르기 때문에 반드시 외워야 합니다.

　4 よん　　４０(よんじゅう)
　　 し　　　4月(しがつ)

　7 なな　　７０(ななじゅう)
　　 しち　　7月(しちがつ)

　9 きゅう　９０(きゅうじゅう)
　　 く　　　9月(くがつ)

✚ [10~90]은 [10(じゅう)]에 [1,2,3,4..]를 붙여서 만듭니다. 단 읽는 법이 2개씩인 [40] [70] [90]은 [よん, なな, きゅう]를 사용해서 [40(よんじゅう)] [70(ななじゅう)] [90(きゅうじゅう)]로 발음하는 것에 주의합니다.

몇 시입니까?

4-2 何時ですか。

1時	いちじ	2時	にじ	3時	さんじ
4時	よじ	5時	ごじ	6時	ろくじ
7時	しちじ	8時	はちじ	9時	くじ
10時	じゅうじ	11時	じゅういちじ	12時	じゅうにじ

✚ [4시]는 원래 발음인 [よん] [し]를 사용하지 않고 [よじ]로 발음하는 것에 주의합니다.

✚ 전화 등에서 [7시(しちじ)]를 말할 때 [1시(いちじ)]와 혼동하기 쉽기 때문에 [ななじ]로 발음하는 경우가 있기는 하지만, 일상회화에서 [7시(ななじ)]를 사용하지 않습니다.

今 何時ですか。 지금 몇 시입니까?　/　4 時です。 4시입니다.

□ ~時 ~시
□ 今 지금
□ 何時 몇 시
□ 何分 몇 분

몇 분입니까?

4-3 何分ですか。

5分	ごふん	10分	じ(ゅ)っぷん
15分	じゅうごふん	20分	にじ(ゅ)っぷん
25分	にじゅうごふん	30分	さんじ(ゅ)っぷん
35分	さんじゅうごふん	40分	よんじ(ゅ)っぷん
45分	よんじゅうごふん	50分	ごじ(ゅ)っぷん
55分	ごじゅうごふん	60分	ろくじ(ゅ)っぷん

✚ [10분] 단위는 [じゅっぷん] 또는 [ゅ]를 생략한 [じっぷん]으로 읽습니다.

今 何時 何分ですか。 지금 몇 시 몇 분입니까?
9時 40分です。 9시 40분입니다.

4-4　～から　～まで

➕ [から]는 [~부터, ~에서]라는 뜻으로 시간, 장소등의 시작을 나타내고, [まで]는 [~까지]라는 뜻으로 종점을 나타냅니다.

アルバイトは　午前 11時から　午後　7時までです。

아르바이트는 오전 11시부터 오후 7시까지입니다.

東京から　ソウルまでです。　　　　　　도쿄에서 서울까지입니다.

ここから　図書館まで　30分です。　　여기부터 도서관까지 30분입니다.

➕ [から]와 [まで]는 따로 따로 사용할 수 있습니다.

会社は　9時からです。　　　　　　회사는 9시부터입니다.

会社は　6時までです。　　　　　　회사는 6시까지입니다.

会社は　9時から　6時までです。　회사는 9시부터 6시까지입니다.

□ ～から ~부터
□ ～まで ~까지
□ アルバイト 아르바이트
□ 午前 오전
□ 午後 오후
□ 東京 도쿄(일본 지명)
□ ソウル 서울
□ ここ 여기
□ 図書館 도서관
□ 会社 회사

4-5　1분 단위 읽기

1分	いっぷん	6分	ろっぷん
2分	にふん	7分	ななふん
3分	さんぷん	8分	はちふん / はっぷん
4分	よんぷん	9分	きゅうふん
5分	ごふん	10分	じ(ゅ)っぷん

숫자 [1,3,4,6,8,10]은 [ぷん]으로 발음합니다.

➕ [분]은 일본어로는 [ふん] 또는 [ぷん]으로 읽습니다. 숫자 [1, 6, 8, 10]과 [분]이 만나면 숫자의 끝 글자가 [촉음(っ)]으로 바뀌어서 [ぷん]으로 발음됩니다.

4-6 ～시간

1時間	いちじかん	6時間	ろくじかん
2時間	にじかん	7時間	ななじかん / しちじかん
3時間	さんじかん	8時間	はちじかん
4時間	よじかん	9時間	くじかん
5時間	ごじかん	10時間	じゅうじかん

시간을 나타낼 때는 [시(時)] 대신에 [시간(時間)]을 붙이면 됩니다.

アルバイトは 一日 何時間ですか。
アルバ이트는 하루 몇 시간입니까?

一日 4時間です。
하루 4시간입니다.

□ 一日 하루
□ 時間 시간

unit.05
요것만은 꼭꼭~ Point

[い형용사] [な형용사]는 문장 끝에 와서 술어가 되기니, 명사 앞에서 명시를 수식하기도 합니다. [い형용사]의 경우 기본형으로 문장을 끝낼 수가 있습니다.

□ パソコン 컴퓨터
□ 高い 비싸다
□ 会社 회사
□ 忙しい 바쁘다

형용사

5-1 기본형

+ 일본어에는 [い형용사]와 [な형용사] 두 가지 형용사가 있습니다. 명사를 수식할 때 끝소리가 [い]로 끝나는 형용사를 [い형용사]라고 하고, [な]로 끝나는 형용사를 [な형용사]라고 합니다. 두 가지 모두 활용을 합니다.

パソコンは 高い。　　　　　　　　　　　컴퓨터는 비싸다.
会社は 忙しい。　　　　　　　　　　　　회사는 바쁘다.

~입니다.

5-2 기본형＋です。

+ [い형용사]는 기본형에 [です]를 붙이면 정중한 형태가 됩니다.

パソコンは 高いです。　　　　　　　　　컴퓨터는 비쌉니다.
会社は 忙しいです。　　　　　　　　　　회사는 바쁩니다.

~입니까?

5-3 기본형＋ですか。

+ 의문문을 만들때는 명사와 동일하게 문장의 끝에 [か]를 붙이고 끝부분을 올려서 발음합니다.

□ 漢字 한자
□ 難しい 어렵다
□ 学校 학교
□ 近い 가깝다

漢字は 難しいですか。　　　　　　　　　한자는 어렵습니까?
学校は 近いですか。　　　　　　　　　　학교는 가깝습니까?

예, ~입니다.

5-4 はい、기본형＋です。

はい、難しいです。　　　　　　　　　　　예, 어렵습니다.
はい、近いです。　　　　　　　　　　　　예, 가깝습니다.

[い형용사]에서 [좋다, 괜찮다]라는 의미의 [いい]는 특별하게 활용하므로 주의합시다!

(예)

いい - よくありません
좋다 – 좋지 않습니다

- □ **遠い** 멀다
- □ **仕事** 일
- □ **今日** 오늘
- □ **天気** 날씨
- □ **ケータイ** 휴대폰
- □ **古い** 낡다, 오래되다
- □ **日本語** 일본어
- □ **おもしろい** 재미있다

아니오, ~이/가 아닙니다.

5-5 いいえ、어간＋くありません。

✛ [い형용사]의 부정형은 [어간 + くありません]입니다. [어간]이란 활용할 때 변하지 않는 부분으로, [い형용사]에서의 어간은 [い]를 제외한 나머지 부분이 됩니다.

いいえ、難しくありません。　　　　　아니오, 어렵지 않습니다.
いいえ、近くありません。遠いです。　아니오, 가깝지 않습니다. 멉니다.

① ~이/~가　② ~지만/~다만

5-6 ～が

✛ [～が]는 조사로 [~이/~가]의 의미로 사용합니다.

✛ 문장과 문장 사이에 [～が]를 넣어서 [~지만 / ~다만]이라는 의미로 앞 뒤 문장이 서로 반대의 의미를 나타낼 때 사용합니다.

田中さんは　仕事が　多いです。　　　　　　다나카 씨는 일이 많습니다.
今日は　天気が　よくありません。　　　　　오늘은 날씨가 좋지 않습니다.
私の　ケータイは　古いですが、いいです。　제 휴대폰은 낡았지만, 좋습니다.
日本語は　難しいですが、おもしろいです。　일본어는 어렵지만, 재미있습니다.

~군요/~네요

5-7 ～ね

✛ 상대방의 말에 동의하거나, 감탄할 때 쓰는 표현으로 문장 끝에 붙여서 사용합니다.

A: 今日は　天気が　いいですね。　　오늘은 날씨가 좋네요.
B: そうですね。　　　　　　　　　그렇네요.

□ 辛い 맵다
□ 料理 요리
□ 背が 高い
　キ가 크다

한국어의 습관으로 '키가 크다'를 「背が 大きい」라고 잘못 표현하는 일이 없도록 주의합시다. '키가 작다'는 「背が 低い」라고 합니다.

~한 명사

6-1　기본형＋명사

✚ [い형용사]는 명사 앞에 와서 명사를 수식합니다.
　[い형용사]가 명사를 수식할 때는 [기본형+명사]가 됩니다.

辛い 料理です。　　　　　　　　　　　매운 요리입니다.

背が 高い 人です。　　　　　　　　　키가 큰 사람입니다.

~하고 , ~해서

6-2　어간＋くて

✚ [い형용사]가 다른 형용사와 연결될 때는 [어간+くて]의 형태가 됩니다.

□ この 이
□ ジュース 주스
□ 甘い 달다
□ おいしい 맛있다
□ 広い 넓다
□ 明るい 밝다
□ 部屋 방

この ジュースは 甘くて おいしいです。　　이 주스는 달고 맛있습니다.

広くて 明るい 部屋です。　　　　　　넓고 밝은 방입니다.

6-3　명사를 수식하는 지시어

이 + 명사	그 + 명사	저 + 명사	어느 + 명사
この + 명사	その + 명사	あの + 명사	どの + 명사

□ この 이
□ その 그
□ あの 저
□ どの 어느

✦ 3과에서 배운 [これ(이것), それ(그것), あれ(저것), どれ(어느 것)]은 지시어만으로 사물 등을 나타낼 때 사용하지만, [この(이), その(그), あの(저), どの (어느)]는 명사와 함께 사용됩니다.

✦ [この(이)]는 말하는 사람에 가까울 때, [その(그)]는 듣는 사람(상대방)에 가까울 때 사용합니다. 말하는 사람과 듣는 사람(상대방) 모두에게 멀리 떨어져 있을 때는 [あの(저)]를 사용하며, 어느 것인지 확실하지 않을 때는 [どの(어느)]를 사용합니다.

~은/는 어떻습니까?

6-4　～は　どうですか。

✦ [~どうですか]는 상대방이 경험한 일이나, 방문했던 장소, 또는 만났던 사람이나 사물에 대한 의견을 물어볼 때 사용됩니다.

□ その 그
□ 辞書 사전
□ どうですか。
　어떻습니까?
□ あの 저
□ 店 가게

その 辞書は どうですか。　　　　　그 사전은 어떻습니까?

あの 店は どうですか。　　　　　저 가게는 어떻습니까?

□ 今日 오늘
□ 暇だ 한가하다
□ 静かだ 조용하다

7-1 기본형(어간＋だ)

~하다.

+ 일본어의 두가지 형용사 중에서 명사를 수식할 때 끝소리가 [な]로 끝나는 형용사를 [な형용사]라고 합니다.
+ [な형용사]는 기본형으로 문장을 끝낼 수 있습니다.

今日は 暇だ。　　　　　　　　　　　　　　오늘은 한가하다.

ここは 静かだ。　　　　　　　　　　　　　여기는 조용하다.

7-2 어간＋です。

~합니다.

+ [어간]이란 활용할 때 변하지 않는 부분을 말하는데, [な형용사]에서의 어간은 끝의 글자 [だ]를 제외한 나머지 부분이 됩니다.
+ [な형용사]의 정중형은 [어간 + です]가 됩니다.

今日は 暇です。　　　　　　　　　　　　　오늘은 한가합니다.

ここは 静かです。　　　　　　　　　　　　여기는 조용합니다.

7-3 어간＋ですか。

~합니까?

+ 의문문을 만들때는 정중한 형태의 문장 끝에 [か]를 붙이고 끝부분을 올려서 발음합니다.

□ 車 자동차
□ 丈夫だ 튼튼하다
□ パソコン 컴퓨터
□ 便利だ 편리하다

山田さんの 車は 丈夫ですか。　　　　　야마다씨의 차는 튼튼합니까?

この パソコンは 便利ですか。　　　　　이 컴퓨터는 편리합니까?

> 예, ~합니다.

7-4 はい、어간＋です。

はい、丈夫（じょうぶ）です。 예, 튼튼합니다.
はい、便利（べんり）です。 예, 편리합니다.

> 아니오, ~하지 않습니다.

7-5 いいえ、어간＋じゃ（では）ありません。

✚ [な형용사]의 부정형은 [어간 + じゃ（では）ありません]입니다.

いいえ、丈夫（じょうぶ）じゃありません。 아니오, 튼튼하지 않습니다.
いいえ、便利（べんり）じゃありません。 不便（ふべん）です。 아니오, 편리하지 않습니다. 불편합니다.

□ 不便（ふべん）だ 불편하다

> ~을/를 좋아합니다, ~을/를 싫어합니다, ~을/를 잘 합니다, ~을/를 잘 못합니다.

7-6 ~が 好（す）きです。 / ~が 嫌（きら）いです。
~が 上手（じょうず）です。 / ~が 下手（へた）です。

✚ 일본어에서는 기호나 능력을 나타내는 단어 앞에 조사 [을/를]이 올 때는 [を] 대신에 [が]를 붙입니다.

□ 辛（から）い 맵다
□ 料理（りょうり） 요리
□ 好（す）きだ 좋아하다
□ 怖（こわ）い 무섭다
□ 映画（えいが） 영화
□ 嫌（きら）いだ 싫어하다
□ 彼（かれ） 그
□ ピアノ 피아노
□ 上手（じょうず）だ 잘하다
□ 英語（えいご） 영어
□ 下手（へた）だ 못하다

田中（たなか）さんは 辛（から）い 料理（りょうり）が 好（す）きですか。 다나카 씨는 매운 요리를 좋아합니까?
私（わたし）は 怖（こわ）い 映画（えいが）が 嫌（きら）いです。 나는 무서운 영화를 싫어합니다.
彼（かれ）は ピアノが 上手（じょうず）です。 그는 피아노를 잘 칩니다.
私（わたし）は 英語（えいご）が 下手（へた）です。 나는 영어를 잘 못합니다.

~한 명사

8-1 어간＋な＋명사

➕ [な형용사]는 명사 앞에 와서 명사를 수식합니다.

➕ [な형용사]가 명사를 수식할 때는 [어간 + な + 명사]의 형태가 됩니다.

□ 彼女 그녀
□ 静かだ 조용하다
□ 人 사람
□ 好きだ 좋아하다
□ 食べ物 음식
□ 何ですか
무엇입니까?

彼女は 静かな 人です。　　　　　　　　그녀는 조용한 사람입니다.

好きな 食べ物は 何ですか。　　　　　　좋아하는 음식은 무엇입니까?

~하고, ~해서

8-2 어간＋で

➕ [な형용사]가 다른 형용사와 연결할 때는 [어간 + で]의 형태가 됩니다.

□ 車 자동차
□ 立派だ 훌륭하다
□ 丈夫だ 튼튼하다
□ パソコン 컴퓨터
□ 便利だ 편리하다
□ いい 좋다

この 車は 立派で、丈夫です。　　　　　이 차는 훌륭하고, 튼튼합니다.

この パソコンは 便利で、いいです。　　이 컴퓨터는 편리하고, 좋습니다.

~이기/하기 때문에, ~이므로/하므로

8-3 ～から

+ 4과에서 배운 조사 [~から]는 명사에 붙어서 [~에서 / ~부터]의 의미로 시작을 나타내
지만, 8과에서 배우는 [~から]는 문장 뒤에 붙어서 [~이기 때문에 / ~이므로]의 의미로
이유를 나타냅니다.

+ 두 문장을 연결해서 하나의 문장으로 만들 때 사용되며, 앞의 문장은 뒤의 문장에 대한
이유를 나타냅니다.

地下鉄は　速いから、便利です。 지하철은 빠르기 때문에, 편리합니다.

日本語は　おもしろくて　簡単だから、好きです。
일본어는 재미있고 간단하기 때문에, 좋아합니다.

有名な　デパートだから、人が　多いです。
유명한 백화점이기 때문에, 사람이 많습니다.

□ 地下鉄 지하철
□ 速い 빠르다
□ 便利だ 편리하다
□ 日本語 일본어
□ おもしろい 재미있다
□ 簡単だ 간단하다
□ 好きだ 좋아하다
□ 有名だ 유명하다
□ デパート 백화점
□ 人 사람
□ 多い 많다

8-4 ～よ。

+ 상대방이 모르는 새로운 정보를 알려 주거나, 자기 의사를 강하게 주장하는 표현으로 문
장 끝에 붙여서 사용합니다.

A: きれいな　レストランですね。 깨끗한 레스토랑이네요.
B: はい、ここは　とても　有名ですよ。 예, 여기는 아주 유명해요. (새로운 정보)

□ きれいだ 깨끗하다
□ レストラン 레스토랑
□ とても 매우, 아주

unit.09
동영상 강의

~와 ~와 어느 쪽이 ~입니까?

9-1 ～と ～と どちらが ～ですか。

➕ 2개의 명사를 비교해서 질문할 때 사용됩니다.

➕ どちら(어느 쪽)는 사물, 사람, 장소 등에 모두 사용할 수 있습니다.

猫と 犬と どちらが かわいいですか。　고양이와 개(와) 어느 쪽이 귀엽습니까?

バスと 地下鉄と どちらが 便利ですか。　버스와 지하철(과) 어느 쪽이 편리합니까?

サッカーと 野球と どちらが 上手ですか。　축구와 야구(와) 어느 쪽을 잘합니까?

□ 猫 고양이
□ 犬 개
□ どちら 어느 쪽
□ かわいい 귀엽다
□ バス 버스
□ 地下鉄 지하철
□ 便利だ 편리하다
□ サッカー 축구
□ 野球 야구
□ 上手だ 잘하다

~보다 ~의 쪽이 ~입니다.

9-2 (～より) ～の 方が ～です。

➕ 두 가지를 비교해서 대답할 때 사용됩니다.

➕ [~より]가 붙은 쪽이 기준이 되고, [~の 方が] 쪽이 선택의 답이 됩니다.

➕ [~より]와 [~の 方が]는 앞뒤 순서가 바뀔 때도 있지만, [~の 方が] 쪽이 선택의 답이 됩니다.

➕ [~より]는 생략할 수 있습니다.

(猫より) 犬の 方が かわいいです。　(고양이보다) 개 쪽이 귀엽습니다.

(バスより) 地下鉄の 方が 便利です。　(버스보다) 지하철 쪽이 편리합니다.

(野球より) サッカーの 方が 上手です。　(야구보다) 축구 쪽을 잘합니다.

~의 중에서 [무엇이/누구/어디/언제] 가장 ~입니까?

9-3 ~の 中で [何/誰/どこ/いつ]が 一番 ~ですか。

+ 세 가지 이상의 것을 비교할 때 사용됩니다.
+ 질문할 때 사물에 대해서는 [何(なに)], 사람에 대해서는 [誰(だれ)], 장소에 대해서는 [どこ], 계절이나 시간 등에 대해서는 [いつ]를 사용합니다.
+ 여러 개 중의 선택이기 때문에 [どちら(어느 쪽)]라든가 [~の 方が]와 같은 말은 사용하지 않고, 으뜸을 나타내는 [一番(제일/가장)]을 사용해서 표현합니다.

□ 果物 과일
□ 中で 중에서
□ 一番 제일
□ おいしい 맛있다
□ クラス 클래스(반)
□ 誰 누구
□ 背が 高い 키가 크다
□ 韓国 한국
□ どこ 어디
□ 有名だ 유명하다
□ 季節 계절
□ いつ 언제
□ 好きだ 좋아하다

果物の 中で 何が 一番 おいしいですか。　과일 중에서 무엇이 가장 맛있습니까?

クラスの 中で 誰が 一番 背が 高いですか。　반 안에서 누가 가장 키가 큽니까?

韓国の 中で どこが 一番 有名ですか。　한국 중에서 어디가 가장 유명합니까?

季節の 中で いつが 一番 好きですか。　계절 중에서 언제를 가장 좋아합니까?

~이/가 ~가장(제일) ~입니다.

9-4 ~が 一番 ~です。

□ みかん 귤
□ ソウル 서울
□ 春 봄

みかんが 一番 おいしいです。　귤이 가장 맛있습니다.

田中さんが 一番 背が 高いです。　다나카 씨가 가장 키가 큽니다.

ソウルが 一番 有名です。　서울이 가장 유명합니다.

春が 一番 好きです。　봄을 가장 좋아합니다.

10-1 숫자 읽기 (10~90,000)

0	10	100	1,000	10,000
1	じゅう	ひゃく	せん	いちまん
2	にじゅう	にひゃく	にせん	にまん
3	さんじゅう	さんびゃく	さんぜん	さんまん
4	よんじゅう	よんひゃく	よんせん	よんまん
5	ごじゅう	ごひゃく	ごせん	ごまん
6	ろくじゅう	ろっぴゃく	ろくせん	ろくまん
7	ななじゅう	ななひゃく	ななせん	ななまん
8	はちじゅう	はっぴゃく	はっせん	はちまん
9	きゅうじゅう	きゅうひゃく	きゅうせん	きゅうまん

✚ 10단위는 [10(じゅう)] 앞에 4과에서 배웠던 [に、さん、よん、ご、ろく、なな、はち、きゅう]를 순서대로 붙여서 만듭니다.

✚ 100단위의 발음은 기본이 되는 [ひゃく]와 300의 [さんびゃく], 600과 800의 [ろっぴゃく、はっぴゃく] 세 가지입니다. 100단위는 일본어 숫자 중에는 발음도 어렵고 혼동하기 쉬우므로 주의합시다.

✚ 1,000단위의 발음은 기본적인 [せん]과 3,000의 [さんぜん]이 있습니다.

✚ 10,000단위는 [10,000(まん)] 앞에 [いち、に、さん、よん、ご、ろく、なな、はち、きゅう]를 순서대로 붙입니다.

한국어에서는 10,000을 [만]으로 발음하지만 일본어에서는 [일만(**いちまん**)]으로 발음하는 것에 주의합시다!

~는 얼마입니까?

10-2 ～は いくらですか。

□ **カメラ** 카메라
□ **赤い**（あか） 빨갛다
□ **かばん** 가방

この カメラは いくらですか。　　　이 카메라는 얼마입니까?
その 赤い（あか） かばんは いくらですか。　그 빨간 가방은 얼마입니까?

주세요.

10-3 ください。

りんご 4つと すいか 1つ ください。 사과 4개와 수박 1개 주세요.

コーラと コーヒー 2つずつ ください。 콜라와 커피 2개씩 주세요.

[~와/과]라는 뜻의 조사 [~と]는 명사 뒤에 붙여서 사용됩니다.

- □ りんご 사과
- □ すいか 수박
- □ コーラ 콜라
- □ コーヒー 커피
- □ ～ずつ ~씩

10-4 금액 및 조수사(단위)

+ [~枚]는 프린트, 엽서, 우표 등의 종이류와 T셔츠, 손수건 CD등 얇고 평평한 것을 세는 조수사입니다.

+ [~本]은 연필, 병, 우산 등 가늘고 긴 물건을 세는 조수사입니다.

+ [~冊]는 책이나 노트 등을 세는 조수사입니다.

+ [~つ]는 [~장, ~자루, ~병, ~권] 등을 대신해서 사용할 수 있는 유용한 표현입니다.

	円 (엔)	～つ (~개)	～枚 (~장)	～本 (~자루/병)	～冊 (~권)	～階 (~층)
1	いちえん	ひとつ	いちまい	いっぽん	いっさつ	いっかい
2	にえん	ふたつ	にまい	にほん	にさつ	にかい
3	さんえん	みっつ	さんまい	さんぼん	さんさつ	さんがい
4	よえん	よっつ	よんまい	よんほん	よんさつ	よんかい
5	ごえん	いつつ	ごまい	ごほん	ごさつ	ごかい
6	ろくえん	むっつ	ろくまい	ろっぽん	ろくさつ	ろっかい
7	ななえん	ななつ	ななまい	ななほん	ななさつ	ななかい
8	はちえん	やっつ	はちまい	はっぽん	はっさつ	はちかい / はっかい
9	きゅうえん	ここのつ	きゅうまい	きゅうほん	きゅうさつ	きゅうかい
10	じゅうえん	とお	じゅうまい	じゅっぽん	じゅっさつ	じゅっかい
	いくら 얼마	いくつ 몇 개	なんまい 몇 장	なんぼん 몇 자루 / 몇 병	なんさつ 몇 권	なんがい 몇 층

ボールペン 1本 ください。 볼펜 한자루 주세요.

ボールペン ひとつ ください。 볼펜 하나 주세요.

unit.11
요것만은 꼭꼭~ Point

unit.11 동영상 강의

~에 ~이/~가 있습니다.

11-1 ～に ～が あります。(사물, 식물)

✚ 조사 [～に]는 [~에]라는 의미로 명사가 있는 장소를 나타냅니다.
✚ [あります(있습니다)]는 사물과 식물 등 스스로 이동할 수 없는 것에 사용됩니다.

駅の 中に トイレが あります。　　　　　　　　　역 안에 화장실이 있습니다.

机の 上に 花が あります。　　　　　　　　　　책상 위에 꽃이 있습니다.

~에 ~이/~가 있습니다.

11-2 ～に ～が います。(사람, 동물)

✚ [います(있습니다)]는 사람이나 동물 등 스스로 이동할 수 있는 것에 사용됩니다.
✚ 한국어의 [있습니다]는 스스로 이동할 수 있는지, 없는지에 관계없이 사용하지만, 일본어는 [あります、います]로 나뉘는 것에 주의합시다.

私の 後ろに 木村さんが います。　　　　　　　제 뒤에 기무라 씨가 있습니다.

いすの 下に 猫が います。　　　　　　　　　의자 아래에 고양이가 있습니다.

없습니다

11-3 ありません / いません

✚ 부정형 [없습니다]는 사물, 식물 등에는 [ありません], 사람, 동물 등에는 [いません]을 사용합니다.

テストが ありますか。　　　　　　　　　　　시험이 있습니까?

　　いいえ、ありません。　　　　　　　　　아니오, 없습니다.

日本人の 友だちが いますか。　　　　　　　일본인 친구가 있습니까?

　　いいえ、いません。　　　　　　　　　아니오, 없습니다.

단어

- 駅 えき 역
- 中 なか 안
- ～に ~에
- トイレ 화장실
- あります 있습니다(사물, 식물)
- 机 つくえ 책상
- 上 うえ 위
- 花 はな 꽃

- 後ろ うしろ 뒤
- います 있습니다 (사람, 동물)
- いす 의자
- 下 した 아래
- 猫 ねこ 고양이

- テスト 테스트, 시험
- 日本人 にほんじん 일본인
- 友だち とも 친구

11-4 장소를 나타내는 지시어

	~곳(장소)	~쪽(방향)
이	ここ	こちら
그	そこ	そちら
저	あそこ	あちら
어느	どこ	どちら

✚ 말하는 사람에게 가까운 거리에 있는 장소를 나타낼 때는 [ここ], 상대방에 가까울 때는 [そこ], 양쪽 모두에게 먼 거리에 있는 장소는 [あそこ], 어디인지 불확실할 때는 [どこ]가 사용됩니다.

11-5 위치

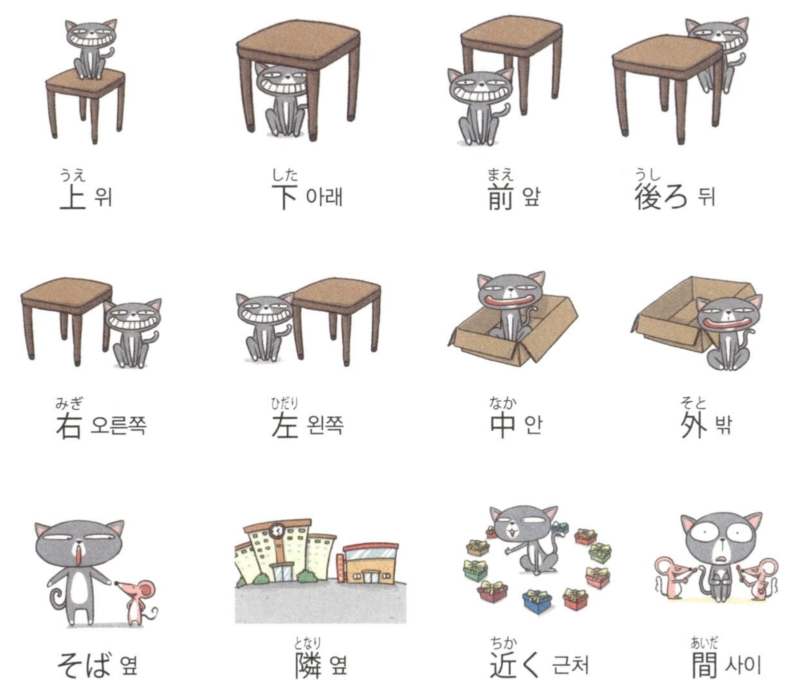

上 위	下 아래	前 앞	後ろ 뒤
右 오른쪽	左 왼쪽	中 안	外 밖
そば 옆	隣 옆	近く 근처	間 사이

unit.12
동영상 강의

12-1 가족명칭

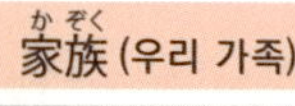
家族(かぞく) (우리 가족)

ご家族(かぞく) (남의 가족)

祖父(そふ) (할아버지)　　　祖母(そぼ) (할머니)
お祖父(じい)さん　　　　　　　　　　　　お祖母(ばあ)さん

父(ちち) (아버지)　　　母(はは) (어머니)
お父(とう)さん　　　　　　　　　　　お母(かあ)さん

兄(あに) (형/오빠)　姉(あね) (언니/누나)　私(わたし) (나)　弟(おとうと) (남동생)　妹(いもうと) (여동생)
お兄(にい)さん　　お姉(ねえ)さん　　　　　　　　　弟(おとうと) さん　　妹(いもうと) さん

妻(つま)/家内(かない) (아내)　夫(おっと)/主人(しゅじん) (남편)　息子(むすこ) (아들)　娘(むすめ) (딸)
奥(おく)さん　　　ご主人(しゅじん)　　　息子(むすこ)さん　　娘(むすめ)さん

✚ 단어 앞에 [ご]나 [お]를 붙이면 존경의 의미를 나타냅니다.

✚ 남의 가족명칭은 상대방, 또는 제3자의 가족을 말할 때 사용합니다.

　[ご]나 [お]를 붙이거나, 뒤에 [さん]을 붙여서 높여줍니다.

✚ 우리가족 명칭은 상대방에게 우리가족에 대해 말할 때 사용합니다.

✚ 우리가족이라도 직접 부를 때는 본인을 기준으로 윗 사람에게는 남의 가족 명칭을 사용하고, 아랫사람은 이름을 부릅니다.

12-2 인원 / 나이

	인원	나이
1	<ruby>1人<rt>ひとり</rt></ruby>	<ruby>1歳<rt>いっさい</rt></ruby>
2	<ruby>2人<rt>ふたり</rt></ruby>	<ruby>2歳<rt>にさい</rt></ruby>
3	<ruby>3人<rt>さんにん</rt></ruby>	<ruby>3歳<rt>さんさい</rt></ruby>
4	<ruby>4人<rt>よにん</rt></ruby>	<ruby>4歳<rt>よんさい</rt></ruby>
5	<ruby>5人<rt>ごにん</rt></ruby>	<ruby>5歳<rt>ごさい</rt></ruby>
6	<ruby>6人<rt>ろくにん</rt></ruby>	<ruby>6歳<rt>ろくさい</rt></ruby>
7	<ruby>7人<rt>しちにん</rt></ruby>	<ruby>7歳<rt>ななさい</rt></ruby>
8	<ruby>8人<rt>はちにん</rt></ruby>	<ruby>8歳<rt>はっさい</rt></ruby>
9	<ruby>9人<rt>きゅうにん</rt></ruby>	<ruby>9 歳<rt>きゅうさい</rt></ruby>
10	<ruby>10人<rt>じゅうにん</rt></ruby>	<ruby>10歳<rt>じゅっさい</rt></ruby>
20	<ruby>20人<rt>にじゅうにん</rt></ruby>	<ruby>20歳<rt>はたち</rt></ruby>
	<ruby>何人<rt>なんにん</rt></ruby> 몇 명	おいくつ 몇 살

➕ 1명, 2명은 [<ruby>人<rt>にん</rt></ruby>]에 숫자를 붙여 말하지 않고, [ひとり][ふたり]로 말합니다.

➕ [<ruby>4人<rt>にん</rt></ruby>]은 [よにん], [<ruby>7人<rt>にん</rt></ruby>]은 [しちにん]으로 말합니다.

➕ [<ruby>歳<rt>さい</rt></ruby>]에 숫자를 붙여 나이를 말할 때 [1] [8] [10]은 끝의 글자가 촉음 [っ]으로 바뀌는 것에 주의합니다. [いっさい] [はっさい] [じゅっさい]

➕ [20歳]는 [<ruby>歳<rt>さい</rt></ruby>]에 숫자를 붙여 말하지 않고, [はたち]로 말합니다.

12-3 何人家族ですか。

何人家族ですか。　　　　　　　　　　　　　　몇 명 가족입니까?
4人家族です。　　　　　　　　　　　　　　　4인 가족입니다.

何人兄弟ですか。　　　　　　　　　　　　　　몇 명 형제입니까?
2人兄弟です。　　　　　　　　　　　　　　　2인 형제입니다.

□ 何人 몇 명
□ 家族 가족
□ 兄弟 형제

12-4 ～は おいくつですか。

お父さんは おいくつですか。　　　　　　　아버지는 몇 살입니까?
57歳です。　　　　　　　　　　　　　　　　57세입니다.

娘さんは おいくつですか。　　　　　　　　따님은 몇 살입니까?
20歳です。　　　　　　　　　　　　　　　　20세입니다.

□ おいくつ 몇 살
□ ～歳 ~살
□ ２０歳 20세

12-5 ~は どんな 方^{かた}ですか。

➕ [方(분)]은 [人(사람)]의 높임말이므로 우리가족에게는 사용하지 않습니다.

우리가족의 경우는 [人(사람)]를 사용합니다.

□ 方^{かた} ~분
□ 優^{やさ}しい 상냥하다
□ 料理^{りょうり} 요리
□ 上手^{じょうず}だ 잘하다
□ 元気^{げんき}だ 건강하다
□ 明^{あか}るい 밝다

お母^{かあ}さんは どんな 方^{かた}ですか。　　어머니는 어떤 분입니까?

母^{はは}は 優^{やさ}しくて、料理^{りょうり}が 上手^{じょうず}な 人^{ひと}です。

엄마는 상냥하고, 요리를 잘하는 사람입니다.

弟^{おとうと}さんは どんな 方^{かた}ですか。　　남동생은 어떤 분입니까?

弟^{おとうと}は 元気^{げんき}で、明^{あか}るい 人^{ひと}です。　　남동생은 건강하고, 밝은 사람입니다.

Memo

Memo

Memo

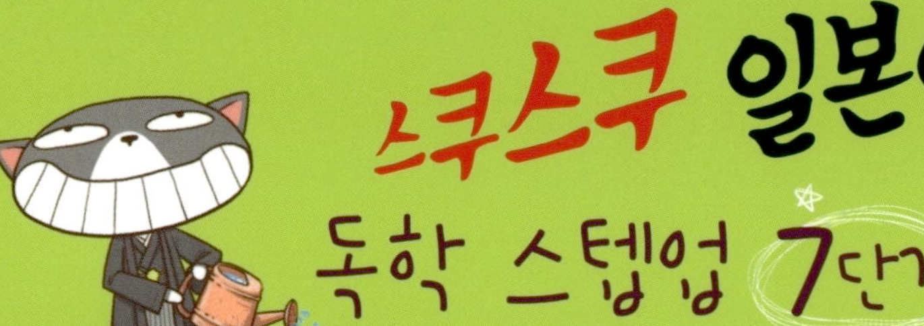

1단계 독학 첫걸음 포인트 북으로 기초 다지기 & 워밍업

무료 동영상 강의로
포인트 예습

(스마트폰 QR코드 / PC 다운로드)

독학 맞춤 학습 플랜에 따라
**교재 학습+팟캐스트
오디오 강의**

듣고 말하기
훈련용 MP3로
듣고 말하기 집중 훈련

매 과(UNIT)
**필기 시험으로
최종 평가**

80점 미만
반복 학습

자투리 시간 활용
**포켓북으로 표현&단어
완벽 복습**

(PDF 다운로드)

이름 |